信仰の滴

水谷周 著

国書刊行会

はじめに

信仰の宿る心は、どのような様子なのでしょうか。その風景を随筆風に描こうとするのが本書の目的です。もちろんそうすることは、詳しくても固い学術的な分析とは異なり、よりなじみやすい形で広く理解されることを期待してのことです。果たしてそれが達成できたかは、おぼつかないものがありますが、ようやくこうしてまとめられたので、このあたりで刊行という運びになりました。

信仰世界の風景は、ありがたくも甘美なものかも知れないし、また時には厳しく鋭いものかも知れません。あるいは、それはあの世とこの世の双方に立脚しているかっこうかも知れません。しかし率直に言って、このような事柄を知ってどうなると、あまり大声で言えるものでもありません。それは知識や教養の対象という問題ではなく、人としての精神生活の拡充といった部類の試みです。それは生活苦を何がしか軽減するかも知れませんが、他方現実的で具体的な利得があるとも言い切れません。ただ確かにいえることは、一生の時間を過ごすに当たり、別次元の視野を持ち、一層の高みと広い立場や展望を提供してくれるだろうということです。

著者はイスラームを信奉するものですが、信仰の真髄は仏教やキリスト教なども、多くが共通し酷似しているものだと考えています。それらはいずれも、宇宙万物存在の根本原理を示し、それを瞬時の直感で伝えるものだからです。本書はそのような理解を基本にして、様々に描写することとします。

日本は宗教熱の盛んな国柄ではありません。特に八〇年ほど前に敗戦の経験を経て、それ以前の宗教が国策に利用されていたことへの失望が、未だに大きく尾を引いています。しかしそれもようやく息切れとなり、各方面で宗教への回帰が叫ばれ、精神生活の充実が求められる時代状況へと移行しつつあります。ただそうは言っても、一端失ったものを復旧させるのは容易でないことは、多言を要しません。

本書が気軽な読み物の形ではあっても、以上のような時代の移行に何がしか貢献できれば、著者としては望外の喜びです。またそれを心の底より望むものです。

なお本書第五章に関しては、次のような執筆陣となっています。

五、信仰と科学

（一）死生学と信仰……………………島薗　進

（二）医療と信仰……………………………加藤眞三
（三）信仰と身心変容………………………鎌田東二
（四）信仰とスピリチュアリティ…………弓山達也
（五）科学とイスラーム信仰………………著者

幸いにも本書に重要な側面を補強することができました。各位よりは御多忙の中を積極的に協力いただき、ここに記して謝意を表するものです。

著　者

目　次

一、祈ること

祈りは人の歴史ほどに昔からある営みであり、それほどに自然な行動です。放っておいても誰でも祈るし、しかもそれは朝、起床前から始まり、夜、布団に入っても続けられているのです。そこで「祈る」という人間固有の所作を、本書『信仰の滴』の手始めに取り上げることとします。

ただ「祈る」という用語はあまりに一般的で、広義にすぎるかもしれません。そこで本章で話を進めるために、祈りを「感謝と嘆願」の行為と一応定義しておきましょう。感謝の相手や嘆願の内容は当然さまざまであっても、これらの二要素が祈りの柱になっているとしておきたいと思います。

(一)「祈りの日」を思う

日本はかなり災害多発の国柄だと思われます。統計上の比較をする必要もあまりないでしょうが、思い起こすだけでもいくつもあります。東日本大震災とそれに続く、津波や原子炉のメルトダウンによる放射線被曝問題がありました。それ以前にも阪神・淡路大震災があり、それ以降にも台風がらみで堤防決壊と大洪水や土砂崩れなどなど、ほぼ毎年どこかで何かが起こっています。いくつもの大陸プレートが海底で衝突している地点に日本列島が置かれているので、仕方がないということかも知れません。また火山列島でもあるので平野は少なく、河川は入り組んでいます。

一方自然災害ではなく、人災面でも相当です。狭隘な国土と急激な経済発展への圧力は、過密な都市社会開発や人間の尊厳軽視の工業建設などをもたらしました。それらは環境破壊とその直接的な影響を、人びとの生活に必然的にもたらします。激しい生存競争という側面は、恐らく古来の歴史的なものでしょう。

全国各地の博物館を訪れると、まず陳列品で目立つのは刀剣や甲冑類ではないでしょうか。それらは誇らしく飾られているのです。ところが同じ博物館でも沖縄だと、筆頭に目に付くのは、平和の象徴のような三味線なのです。また戦国時代には日本全国、山城で埋め尽くされていたようです。近時の考古学の発達により、そのことはますます明らかにされています。姫路城のような、あるいは会津城や熊本城のような美しい天守閣を誇る市内の平城ではなく、圧倒的に山城が日本の主流であったようです。それらが最後の生き残りの砦として、至るところで普及していたということになります。こうしていまだに日本人のイメージは武士であり、サッカー日本代表の呼称は「サムライ」で、誰も違和感を持っていません。

悲惨な情景は、日本史を通じて絶えることなく連綿と続く絵巻のようになりました。この事情については、最近出された鎌田東二著『ケアの時代「負の感情」とのつき合い方』[1]を通して、なるほどと思わせられたのでした。日本を作ってきたのは、悲劇の連続であったというのです。日本という国に関して筆者(水谷)は、実に多くの国家論や日本人論などを見てきたつもりですが、日本が常に悲惨さを味わってきたと言えるほどに、「悲」に包まれた国柄であったとは、ほとんど考えたこともありませんでした。しかし頭を巡らせると、本当に涙、涙の連続で、その焼け野原からよくも立ち上がってきたという気持ちを誰しも持たされるのです。またそれが『平家物語』など多くの文学作品や茶会や能などの芸術にも浸透しているという同書の指摘は、説得的でした。

他方、鎌田氏と当方が共著という形で二〇二一年九月に刊行したのが『祈りは人の半分』という一書です[2]。同書の趣旨は、人間は想像の力を天賦の才覚として授けられているが、そのために希望を持ったり、期待に沿わない場合には落胆したりするように創られている、こうして自然に誰もが持つその願望は祈りであり、それがまとまれば信仰に他ならないという点にあります。そのために、主要宗教における祈りや巡礼の様子を紹介し、また各宗教の信仰を会得するのに役立つと思われる書籍をいろいろ紹介した内容になっています。

ところで以上の二書は期せずして、互いにかみ合った内容になっているということを最近はますます強く思わせられています。というのは、「負の感情」という悲しみは、人の期待に沿わない場合ですが、それは日本人だけではなく、人間には付き物だということにもなります。想像し、願い事をし、喜び、期待外れには悲しむというサイクルは、人間の生涯を貫く鉄則です。そこでは人の半分として、常に「祈り」が捧げられているのです。

こう考えてくると「祈り」という営みは、今の日本で見なされているよりはるかに大きな仕事であり、社会的な意味も持つ重要な側面として扱われるべきだという認識に到達することになります。それは物質、科学、理性という近代合理主義の諸側面と対立するものではなく、あるいは否定するものではなく、それらと一体であり調和しつつ、それら諸力の総合として働くものです。つまり人として当然な姿に戻るということになるのです。さらに言い換えれば、それは全幅的な姿の人間の再認識であり、その復興ということになります。

大きな悲しみの日はとかく記念日になります。終戦記念日、大震災記念日、原爆記念日、あるいはニュー・ヨークの九・一一記念日などなど、枚挙に暇がありません。著者が自然と思い至ったのは、そういった様々な記念日を統合するような日があってもいいのではないかということです。それを今仮に「祈りの日」と名付けましょう。その日には、平和、安全、そして命への感謝の気持ちをすべて込めつつ、全員で祈りを捧げるという、人としての原点を取り戻す行為を共にしてよいのだろうと思います。

もちろんその「祈りの日」は超宗教的で、超政治的で、ただひたすらに人間的で、原点的であるだけです。このような日はまず日本で現実味のある話として考案し、提案されてよいのでしょう。しかし将来的には例えば国際連合主導で世界的な規模に広がっても何の遜色もないだけの根拠があります。それは人間尊重であり人の命重視である以上、しきりに言われる持続可能な開発目標ＳＤＧｓの推進とも連動します。

本文をここまで読まれた読者はほとんど必ず、何という夢うつつだ、戯言《たわごと》を、という印象を持たれても驚きではありません。夢を持って、それを語ることも少なくなった今日この頃ですので、敢えて批判を覚悟の上で記した背景です。言い換えれば、このような「祈りの日」が欲しいなどという厚かましい勝手な願いも、「祈りの日」には許されます(3)。

各人各様の祈りを考案するのは大きな楽しみであり、希望が膨らみます。それは自分を見直す機会にもなります。読者の皆様も、自分としての「祈りの日」を設けてでも一度試されるよう、誘いたいと思われることです。

ちなみに夢を描くと言えば、著者は二〇二〇年夏に、「日本宗教信仰復興会議」という一般社団法人を設立しました。これもいわば壮大な夢を追いかけての事業であることは、その名称からも明らかでしょう。法人監修で『宗教信仰復興叢書』という全七巻の叢書の刊行も始まっています。どこまでその目標に到達することができるかは今後の活動次第です。ちなみにその法人名で検索するとホーム・ページが出てきます。何時も追加更新されており、活動の詳細はここで述べるのは控えることにします。いずれ機が熟せば、先に触れた「祈りの日」の実践もこの法人の主導によって推進しても良いのではないかと、またまた無想に耽っている今日この頃です。

(二)「祈りのこけし」物語

「祈りのこけし」には、目も口も鼻もありません。それは白木のこけしです。由来としては、水俣病の被害に遭い苦しみながら失われた人間、魚、鳥その他のすべての思いが宿っていると思われる水俣湾埋め立て地にある、「実生《みしょう》の森」の木の枝で彫られたものです。失われた全ての生命に祈りを捧げながら、命の大切さに思いをいたし、二度と水俣病のような悲劇が繰り返されないよう願いを込めて彫り続けられています。白木のままというのは、未完成の意味です。それは見る人のこころで完成させてほしいという製作者の気持ちからです。

その製作者とは、熊本県水俣市在住の緒方正実《おがたまさみ》さんです。彼は水俣病と認定されなかった

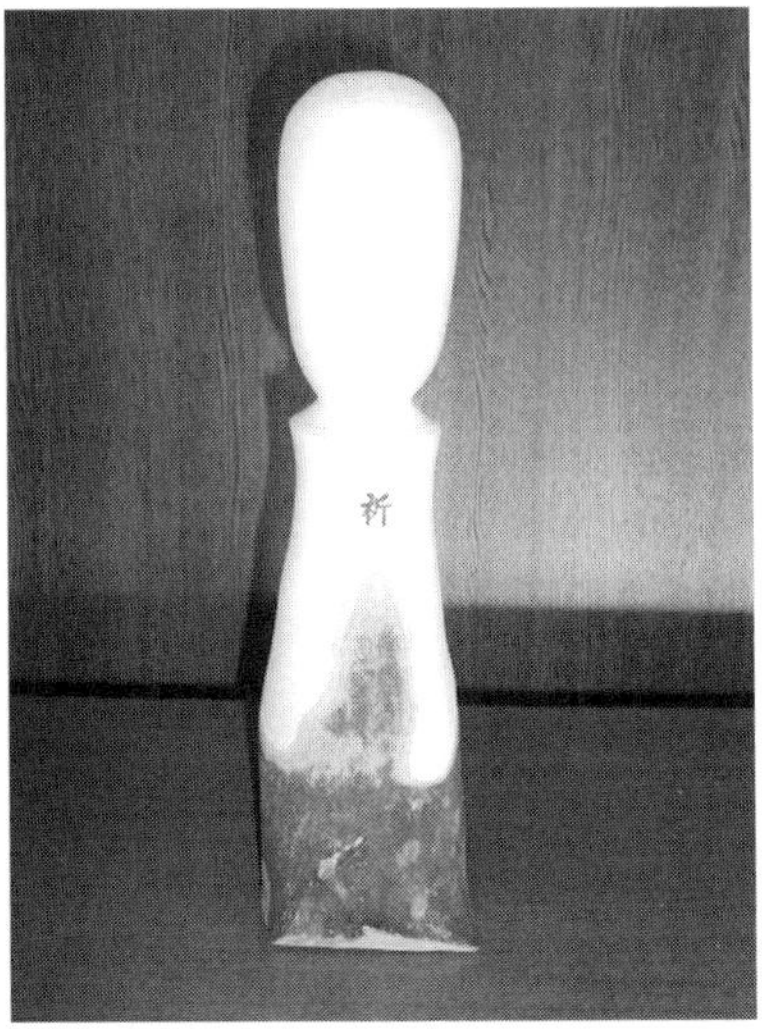

写真1　祈りのこけし像

ので、一〇年余りの『孤闘』(4)を経て、それを実現された方です。自然発生的に「祈りのこけし」は創作し始められて、この一〇数年の間に天皇皇后両陛下（当時）や国際連合総会議長、そして歴代の日本の環境大臣など幅広く、約四〇〇〇体が寄贈されてきました。

筆者はそのような活動を、NHKテレビの「こころの時間」を通して知りました。再放送も含めて、二回も見る機会を得ました。そしてその由来と簡素で淡泊な形象に、これこそ祈りを象徴し、祈りの力を引き出してくれるものだと深く感銘を受けたのでした。二〇二一年六月のことでしたが、その当時は前出の拙著『祈りは人の半分』という著作の執筆も終わり、本の装丁に思いを馳せていたという偶然の一致がありました。すぐにこの「祈りのこけし」を同書のカバーに取り入れたいという想いに取りつかれたのでした。

そこでその想いを水俣の関係者を通じて、『祈りは人の半分』出版で当方と共著者になる鎌田東二さんから、ご本人に伝えていただくこととなったのでした。そしてそれに対しては、

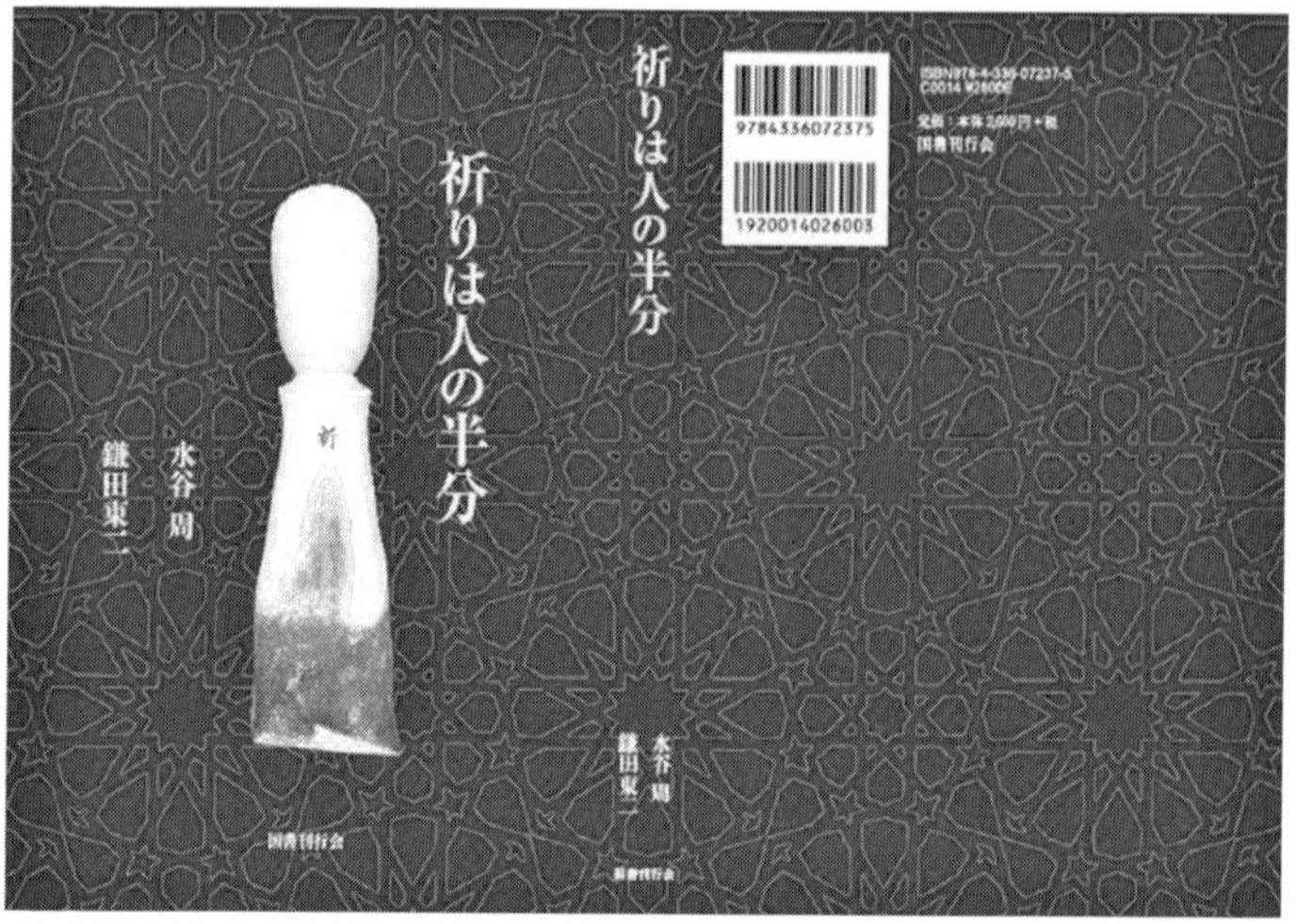

写真2 『祈りは人の半分』カバー

緒方さん自身からすぐに承諾の回答を得ることができました。さらには、そういうことであれば、当方が代表理事を務める「一般社団法人日本宗教信仰復興会議」のために一体を新しく製作しましょうというお話まで頂戴することとなりました。そしてそれは急ぎ七月末には完成して、カバー写真として小著を飾ることができました。また今後もその「祈りのこけし」は同法人のシンボルのようにして、各種会合などでも壇上に登場して活躍するものと期待されます。

緒方さんは水俣病の直接の加害者である企業を責めるだけではなく、その後その事実を歪めて認めず、適時適切な施策も取らなかった国と地方行政の、虚偽、誤魔化し、隠ぺい、無責任な姿勢なども同時に大いに糾弾されたのは、あまりに当然でした。しかしそれも、やがて各方面に「祈りのこけし」を配られて、称賛と支援の声が広まる中、考えは変化し始めました。行政側がその過ちを認め是正に努めることについては、彼の方としても赦す気持ちが高まり、また同時に命の重要性について改めて認識を深め、正直に生きることの大切さを確認されたのです。

緒方さんご自身の「水俣からのメッセージ」を引用しておきます。厳しい経験に根差した言葉として、人の胸を打つものがあります。

> 苦しいでき事や悲しいでき事の中には、幸せにつながっているでき事がたくさん含まれている。このことに気がつくか気づかないかで、その人の人生は大きく変わっていく。気づくには、ひとつだけ条件がある。それは、でき事と正面から向かい合う事である。[5]

人の過ちを赦し、生きるものの命を最大尊重し、正直に生きるということは、他ならぬ宗教心の核心でもあります。こうしていくつかの偶然も重なったのですが、結果としてはこけしの製作地である水俣と著者が在住する横浜とが、思考と感覚の深いところで一本につながることとなったのでした。このような偶然は、本当は偶然ではなく、離れてはいてもいずれ繋がる宿命であったという気もします。

それはいわば、こころの輪が広がったといった感覚です。同胞を得た感覚とも言えます。こころの輪が広がることは、同法人の一番の眼目であるので、二〇年夏の設立以来、最初の年に最良の果実を得ることができたと言えそうです。今後ともこういったことを大切に育んで行きたいと願っているところです。

そして最後に確かめたいことは、写真であってもこの「祈りのこけし」を見られた方は、きっとハッとし、さらにはホットされたのではないかということです。それは要するに、その白木は見る人に語り掛けるのではなく、また目で見返すこともしないからでしょう。ということは逆に言えば、常日頃、人々は周囲の人の群れの険しい目線や心に突き刺さるような言葉使いに、神経がすり減らされているからでしょう。ハッとさせられて、次いではホッとして、その後は自ずとその人の念願であり祈りの気持ちに導かれることとなります。こうしてそこにこの「祈りのこけし」独特の力が潜んでいるということになるのです。

その力とは人間の祈るという営みを自然な過程の中に引き出し、誘発させるということです。語らず見つめないこの像は、実は見る人々の心に多くの直球を投げかけているという結果です。今一度、写真の「祈りのこけし」に目をやってみてください。自分の静かで自然な心のあり方に気付き、思い出し、蘇生できる心境になっているのではないでしょうか。

写真３　祈りの像

（三）三つの不思議な石像

ある機会に訪れた山形市内の小さなお寺の入り口近くに、写真のような巨大な「祈りの像」が安置されていました。それは土台も含めれば、高さが三メートルはあるような大きさで、その寺院の規模とは不釣り合いな大きさでした。入ってくる人を驚かせる意図もあったのでしょうか。最近完成されたそうですが、それを発起された先代の住職さんが先般亡くなられたために、残念ながらその像の経緯や背景などに関しては不詳ということでした。でもその姿からして、多くのことをその像自身が語ってくれるようでした。

次に同じく山形市内で見かけた、「日本最

写真４　「日本最古」の鳥居

古」と言われている鳥居のことです。その高さはせいぜい三・五メートルほどなのに横幅は六メートルほどもあり、かなり横長の長方形です。柱などの各部分は通常より相当太いものです。九〇センチ以上だと看板の説明にはあります。見るからに朴訥とした初期のギリシア彫刻にもあるような、あるいは日本の土偶のような、古風ないでたちが印象的です。また長年の風雪のために、表面は相当デコボコになっています。その看板に素材は凝灰石とあり、風化に弱いそうです。

神社名は定かではなく、鳥居自身は「御《お》立《たて》の石鳥居」と呼ばれてきたそうです。そこに在住の神主さんは見当たらず、事実社務所も見かけませんでした。そこで近くの人たちの言うことに従うしかないといった調子です。そして、それは「日本最古」の鳥居だということだそうです。形状などから平安時代のものと言われており、昭和二七年には国の重要指定文化財となりました。そこでも名称は、ただ「鳥居」にとどまっているそうです。

以上二つの石像は、たまたまでしょうが同じ市内に置かれているもので、両方ともその起源知らずですが、もっといろいろ調査すれば当然多くのことが知れるでしょう。「祈りの像」にしてもそれを製作した石屋に尋ねれば、直ちにその原型がどこにあるのか、あるいはその原石はどこから調達したのか、などなど詳しいことも判明するでしょう。ただし現在の若い住職さんたちお寺の関係者もそれはしないで、そっとしておかれているのが現状です。

同様に鳥居にしても、専門的な調査で石の産地や、形状からしてその由来はもっと判明することでしょう。言い伝えでは一〇世紀末に遡るということですが、あるいはそういった調査は市役所や近くの大学の方に既にあってもおかしくないくらいです。しかし鳥居の存在すら市内観光案内にも出されないままに、そっと安置されているのです。そのため余計にその純朴な雰囲気を醸し出していて、小さいサイズなのにいわば貫禄満点という風情になっているのです。

こうして両方とも不思議に包まれた格好になっています。偶然に出会うこととなった二つの石像ですが、著者にはそっとしておくのが良いのではないかと思われてきました。情報で

写真５　「祈り」の石碑

埋め尽くすのではなく、それらを祈りの手助けになるものとしてだけの存在としておくということです。信仰の導きとしてはそれで十分なのです。そこへ歴史や宗派論や物理的な地学の知識はほとんど無関係です。そのような知識に意味はないと思える気持ち自身に、信仰に直結するものがあります。そういったことに気づかせてくれた、二つの石像でした。

このようなことを思いつつ過ごした一日でしたが、時を改めて年を越してから、同市内の川沿いの少し離れた神社に「祈り」とだけ大きく刻印した石碑を見つけました。これも度肝を抜かれる思いでした。数米に達するその大きさとその単純さです。何の説明もなく、ただ「祈り」とだけありました。これで祈りのための石像が、二つではなく三つになりました。単純素朴クラブの合唱のようなもので、これも十分有資格と言えそうです。

（四）平時の祈りと有事の祈り

昔からの表現として、「困った時の神頼み」というのがあります。苦しいときや死の恐怖にさらされると、神仏を崇めるというのです。長い人生を歩んでいれば、これに似たような経験は大なり小なり誰しもするものでしょう。また世の中全体を通して見ても、災害などの惨状の場面には必ず祈りの姿が見られます。またその側には、僧侶や牧師さんと見受けられる人たちの活動も散見されます。こうして例えば、二〇一一年の東日本大震災の後には、宗教復興の兆しを見出す人たちも少なくありませんでした。

著者が感心する本は多いのですが、その一つに『祈りの現場』と題されたものがあります。[6]著者はフリーの作家ですが、国内外の貧困、医療、戦争、災害、事件など幅広いテーマで執筆している人です。同書で感心させられたのは、幾多の悲劇と向かい合う宗教者を忍耐強く取材していることの他に、そのような珍しい視点を維持して一書にまとめ上げたということです。その中に作家としてのただならぬ、一貫した信念を感じさせられたのです。

ただここで同書の話を持ち出した理由は、そこで取り上げられた各地の「祈りの現場」というのは、すべて日常的ではない状況ばかりだからです。東日本大震災、釜ヶ崎、刑務所内、伊豆大島土砂災害、そして広島での原爆と続きます。これらをまとめていえば、非日常的で異常な、いわば有事の現場であるといえるでしょう。そのいずれにおいても、生と死という人間として究極に追い詰められた現場なのです。

窮状に至れば至るほど、祈りは熱気を帯びて、絶え間なくなり、それに立ち会う聖職者たちも全力投球になるのは自然なものとして誰にでも理解できます。他方それだけだと疑問が残るのは、それでは日常的な状況での祈りや聖職者たちの役割はどう考えるのかということです。それら平時の祈りは、小さくて軽いものなのでしょうか。このような問いかけに対する優等生的な回答は聞くまでもなく、すでに決まったようなものでしょう。つまり、それはそうではなく、祈りは何時であっても同様に重いものであり、人として必須なものであるということになります。しかし回答がただこれだけではあまりに短絡的です。以下ではその事情を、もう一歩視野を広くして見ておきたいと思います。

ア．中国雲南省の英人宣教師

そこで具体例としてまだ出てきていない状況というのは、日常的に限界の生活を強いられているような現場です。つまり平時と有事が合体したようなケースです。そのようなケースとして挙げられるのは、『信仰による祈り』(7)の著者の場合でしょう。著者フレイザーは二〇世紀初頭、英国より派遣された宣教師ですが、行き先は中国の雲南省にある三〇〇〇米の山奥でした。もちろん生活はミニマムなレベルで、人々は彼の話に耳を傾ける余裕などは全くなかったのでした。そこでフレイザーは足掛け一〇年間、布教活動としては辛酸をなめる日々を送ることになりました。そして一〇年経過を目途として、失望の内に帰国を決心しました。

以下は、この間の言行録です。

ここに私たちの働きを実らせる神の方法が見える―祈り、信仰、忍耐の三位一体だ。(八頁)

信仰による特定の祈りをすることができた。生き生きとし、全てを包み込むような祈り、一週間かそれ以上ぶりの、今までの辛苦の甲斐があったと言えるほどの祈り…。(一〇頁)

働きの進展はほとんど全てといっていいほどに、村の〈霊的潮位〉によるのです。(一三頁)

祈りの道へ、どうか私を導いて下さいと、はっきり願い求めることから始めることが良いと思っています。(二二頁)

私たちは神から祈りを与えてもらわなければならず、神のみこころを知るために祈るべきです。(三四頁)

こうして失意のうちに帰国を決心し、そのことを村人に告げました。ところがまさしくその出発の日に奇跡が起こったのでした。村人たちが、こぞってフレイザーの下に集まり、かれらの心の内を少しずつ明かし始めたのでした。信仰告白です。そしてその波は近隣の村々にも早速に伝わったというのです。

以上は成功例ではあっても、最終幕でそれが明かされるという一種のドラマのような筋書きにもなりました。そしてそれは、平時の祈りとも有事の祈りともいえるような状況の中から生み出されたものでした。

イ．「祈る人」になること

インドで活動した著名なキリスト教者マザー・テレサ（一九一〇―一九九七年、マケドニア生まれ）は二〇一六年列聖されましたが、彼女の言葉に次のようなものがあります。それは平時でも有事でも、祈りなさいと言っているようです。

祈りを唱える人ではなく、祈る人になりなさい。(8)

祈る言葉に取らわれるのではなく、ぞっこん祈る世界に入り込みなさい、と解釈されます。列聖される人たちはまず間違いなく、このぞっこん組であろうと想像されます。彼女の言葉をもう少し確かめておきたいと思います。(9)

＊祈りについて

祈るために、仕事を中断する必要はないのです。仕事を祈りであるかのようにし続ければよいのです。(三〇頁)

祈りとは自分自信を神のみ手の中に置き、そのなさるままにお任せし、私たちの心の深みに語りかけられる神のみ声を聴くことなのです。(三五頁)

愛はどこから始まるのでしょうか? 私たちの家庭からです。いつ始まるのでしょうか? 共に祈るときに始まります。共に祈っている家族は崩壊することがありません。(一〇四―一〇五頁)

*神への奉仕

大切なことは、たくさんのことをし遂げることでも、何もかもすることでもありません。大切なことは、いつでも何に対しても喜んでする気持ちがあるかどうかなのです。貧しい人々に奉仕している時、私たちは神に仕えているのだと確信していることなのです。(七〇頁)

*正真正銘の信仰

もしも、信仰が希少価値になっているとすれば、世の中が自己中心的、利己的になりすぎているからなのです。正真正銘の信仰は惜しみない寛大さを伴うはずです。愛と寛容はいつも共に存在します。(七六頁)

＊神の技

自分に出来る限りの、最善の努力を尽くさなかった時（著者注：ここは努力を尽くしても、とも読めるが引用は原文のまま）、失敗したとしても失望することはないでしょう。成功も私たちの力によるものではありません。結果はすべて神に委ねるべきで、私たちは心底から信じてそのような態度を取ることが大切です。（一二八頁）

＊淋しさが本当の貧しさ

貧しさにはいろいろあります。経済的にはうまくいっているように思われる国さえも、奥深いところに隠された貧しさがあるのです。それは見捨てられた人々や苦しんでいる人々が抱えている極めて強烈な淋しさです。（一五八頁）

＊本物の宗教

ヒンズー教の信徒の男性が、カリガート（カルカッタ近く）にある私たちの「死を待つ人の家」を訪れた時、私は一人の病人の傷の手当てをしていました。黙って私の仕事をしばらく見た後、その人は言いました。「あなたにそういう仕事をする力を授ける宗教は、本物に違いない。」（一七〇頁）

ウ．日本の「祈る人」

他方、「祈る人」としての日本の好例は、やはり妙好人ではないでしょうか。「妙好」の意味は、よどんだ沼に咲き誇る一輪の白い蓮の花のことだそうです。汚濁した現世において、そのような蓮の花のような人たちということになります。彼らは朝起きてから夜寝るまで、一日中、南無阿弥陀仏と称名していることで知られます。称名が生活そのものであり、常にそこに意識が集中しているのです。神仏とまみえることを願うどころか、その境地そのものの中に生息する人たちといえます[10]。

著者が幼い頃、京都の街ではこのような人たちを見ることは、それほど珍しいことではありませんでした。いつも、「ナンマンダー（南無阿弥陀仏）」、ナンマンダー」と、ブツブツ言っているのです。今ではあまり見かけなくなったのかもしれませんが、多くのこういった無名の妙好人たちに、自分の全存在を掛けた祈りの姿勢が見出せるのです。それは平時も有事も、変わりありません。

妙好人の列伝は熱心に編纂されてきました。彼らの称名念仏自体が祈りに相当しますが、それに加えていわば彼らの言行録が残されているのです。以下ではその一部を紹介しつつ、彼らの「祈る人」振りを垣間見ておくことにしましょう。

浅原才市（一八五〇—一九三二年）は鳥取の下駄職人の浄土真宗信徒でした。かれは信心を

詠んだ多数の自由詩で知られました。(11)

＊すべてが、念仏一筋の心境で貫かれている。

わたしが、ねんぶつを、となえるじゃない。ねんぶつの、ほうから、わしのこころにあたる、ねんぶつ。なむあみだぶつ。（四九頁）

しんじん、よろこび、あんしんを、なむあみだぶつに、しらせてもろて、なむあみだぶつ、なむあみだぶつ。（八〇頁）

よろこびわ、とこのなか、とこのなかこそみだ（弥陀）のなか、みだのなかこそ、なむあみだぶつ。（八四頁）

さいちがごくらく、どこにある、こころにみちて、み（身）にみちて、なむあみだぶが、わしがごくらく。（八三頁）

ねてもなむあみだぶつ、おきてもなむあみだぶつ、行住坐臥のなむあみだぶつ、働くもなむあみだぶつ、帳面つけるもなむあみだぶつ、何の中からもなむあみだぶつ、ざんぎ（慚愧）をしてわ、なむあみだぶつ、喜んでわ、なむあみだぶつ。（一〇〇―一〇一頁）

＊感謝、感謝

あさまし、あさまし、よるひるなしの、あさまし、あさまし。ありがたい、ありがたい。

よるひるなしの、ありがたい、ありがたい。なむあみだぶつ、なむあみだぶつ。(一八〇頁)

妙好人として、もう一人取り上げておきます。庄松《しょうま》(一七九九―一八七一年)は、香川県の小農に生まれましたが、かれもやはり浄土真宗でした。庄松の言行は、時には皮肉に満ちたものもある一方、暖かい慈悲の心が感じられるものも多くありました。なお以下の引用は現代語に直しました。[12]

庄松は、常に縄をない、またはわらじ作りしていたが、ふとお慈悲のことを思い出すと所作をなげうって、座上に立ち上がり、立ちながら、仏壇の障子を押し開き、ご本尊に向って言った。「バア、バア。」これは大慈悲の御尊容が懐かしくなって、いわば親が子供の寝顔に見とれて、一人喜んで言ったようなものである。(一一九頁)

庄松、ある寺にて、住職は銀細工、小坊主は紐細工を打つのを見つけて言った。「寺の内職には、信心をせよ、信心をせよ。」これは、寺の衣食住はすべて仏祖よりの賜りものので、住職はじめ皆揃うて、御法義に心がけ、朝夕、仏前の崇敬を大切にさえ勤めていれば、別に内職するには及ばず、自ら人望あって、寺は繁盛すると風刺されたということ。(一二八―一二九頁)

庄松は、出先で病気になったので、彼の親族や同行者たちが、籠に乗せて、十里ばかりの道を、彼の自宅のある土居村まで送って、皆は彼に言った、「もう家に戻ったのだから、安心して御慈悲を喜ぶように。」それに対して、庄松は言った。「どこにいても、寝ているところが極楽の次の間なのだ。」これは、庄松のいる所は、極楽へ直結しているということである。（一二九―一三〇頁）

最後の言葉は文字通り、平時も有事も一貫して祈りを上げている姿です。また最後から二つ目の言葉は、この世とあの世は直結している心境を物語っており、これこそはぞっこん祈る人になり切っている状態といえるでしょう。そして特記しておきたいことは、これらの妙好人は信じがたいほど安寧を楽しみ、心的な充実感と幸福感に溢れているということです。信仰による祈りがもたらす最良の果実でしょう。

エ．寺院の標語

多くの寺社仏閣などの入り口に、張り出しで信仰の標語が掲示されています。それは時々変更されるものですが、最近、筆者の自宅近くのお寺の山門で著者が見たものに「日常の中の祈り、祈りの中の日常」というのがありました。この言葉の前半はまさしく平時の祈りを指しています。ところが後半に至ると世界は全く別物です。なぜならば、生活の中に祈りがあると言っているのではなく、祈りという営みの中に生活があるからです。これは既に見て来た英人宣教師やマザー・テレサや妙好人たちの究極の姿に符号しています。

右の標語は一枚の大きめの白紙に手書きの達筆で記されていました。しかし出典などの記載は何もありませんでした。その寺院の住職さんのものかも知れないし、どこかそのような標語集から転用されたのかも知れません。でも出典はどこであるかは余計なことで、この言葉が伝えている重みこそを十分玩味し、自身の血肉の一部としたいという想いに駆られるものでした。

またもしその標語が住職さん自身のものであるなら、その方は相当の方だろうと思わせられました。深い思いを巡らせ、多大な人生経験を積まれた人で、同時にそれらが切り詰められた巧みな一言に見事に表現されているということになります。そう感じながら、入り口の山門から境内に向ってそっと著者の頭は下がりました。

（五）叶わない祈り

祈っても実現しないということもたくさんあるし、そのような話はしばしば童話や逸話の形でも伝えられています。そこで本章の締めくくりとして、日本の社会で想定される常識的な疑問に応えるかたちで、もう一度祈りの全体像をまとめておきましょう。キリスト教と仏教の事例はすでにかなり登場したので、ここでは主としてイスラームの場合に沿って述べることとします。[13]

ア．イスラームの「祈る人」

マザー・テレサが言った、祈りに入りきった状態にある「祈る人」に相当するイスラームの信者は、いつも「ビスミッラー（アッラーの御名において）」と口ずさんでいるものです。この言葉自体は祈りとは言えませんが、アッラーに呼びかけているので、常時その意識で頭が一杯になっていると言えます。ちょうど妙好人が、「ナンマンダー」と絶えずつぶやいていたのと同様な状態です。

本章の初めに定義したように、祈りは一応、感謝と嘆願と理解されます。それを言い換えれば、主への人からの内面的な語りとも言えるでしょう。それはイスラームの場合究極的には、唯一の創造主であるアッラーの宇宙全体の支配を認め、それに依拠することであり、それはすなわちアッラーに感謝し、称えることと同義になります。それが、「ビスミッラー」の心理構造になります。

イ．祈りと現実

信仰の立場からの発想だと、何が現実を動かすということになるのでしょうか。改めて考えてみると現実の変化は他でもない、絶対主アッラーの意思であり、それ以外にはないのです。信者としては善かれと信じるあらゆる努力を払い、それをアッラーに認めてもらい、赦してもらい、最後の日における天国行きの審判についてお許しが出るように祈り、お願いするということ。そして現実が望み通りに動けばそれでよしとして、改めてアッラーに感謝することとなります。

そうすると、祈りだけで現実は動くと初めから考えていないということにもなります。なぜならすべてはアッラー次第だからです。祈りはそのアッラーのお計らいをお願いするという位置付けになります。

このような心境こそは、信者が両足をこの世とあの世の両方に置いている感覚と言えるでしょう。あるいは言い換えれば、この世の事柄をあの世との関連に置きながら考えるということです。この心境が一つの財産のように自分のものとなるかどうかは、すなわち信仰の最善の果実を賞味できるかどうかの違いにもなるのです。

ウ．不当な祈り

誤った認められない祈りもあります。内容的には直接間接に人に危害を加える祈りは不可(処罰を早めることも含む)、また一般的にあらゆる間違いや罪を祈ることも認められません。

少し細かく分けると次の通りとなります。不信仰、人の死、通例あるいは常識的にあるいは法的に不可能なことやありえないこと、終了したこと、イスラーム法上認められないこと、慈悲に恵まれないこと、不信や犯罪の拡大、慈悲の独占、礼拝指導者が指導してくれているのは自分のためだけだと願うこと、「アッラーがお望みならば」として祈りやお願いに人為的な例外条件を入れること、祈りを他人に任せること、旋律を付けすぎることなどがあげられます。

騒々しくする祈りなど作法の違反も、許されない祈りとされます。ただし子供が礼拝中も好き勝手に動き回るのは、いわば参加に意義ありといった調子で比較的甘く見られますが、それも限度があります。親に限らず、周辺の人が止めるでしょう。

エ．叶えられない祈り

信者の発想を再び確かめると、何かが叶うというのは、そのようにアッラーが望まれたからです。だから祈りをしたから叶う、あるいは叶わないという理解ではないということになります。

絶対の支配を認めることは、すなわち人間は僕であり、物事の本当のところは自分では分からないものだということを認めることにもなります。イスラームの古い逸話に次のようなものがあります。暗い牢獄に入れられた二人にそれぞれ袋一つの食料が与えられました。一人は袋中にある豆を毎日食べて、元気に出獄しアッラーに感謝しました。もう一人は石だけしか入っていなかったので、食べられず衰弱して出獄しました。しかし外へ出てみるとそれはダイヤモンドだったのです。

自分の期待と異なる結果が生じても、ムスリムはその点、本当に良いのか悪いのかは自分には分からないという気持ちが自然と湧いてくるようになっているのです。

あなた方は自分たちのために善いことを嫌い、自分のために悪いことを好むかもしれません。あなたがたは知らなくてもアッラーはご存じなのです。[14]（雌牛章二：二一六）

良いことであれ悪いことであれ、不可思議で不可避な運命とそこに潜む絶対主の知恵を見出すように努められる人は、寛容でもあるとされます。アッラーの差配を慮る気持ちと、人間の小さいことを再確認すれば、自ずと周囲への優しさも生まれてくるという次第です。

また好き嫌いを口にする人の心は様々で、それも時によって定まるところを知りません。バラを見るのにその花を見る人、刺を見る人、それからその全体を見る人と色々いるのは自然です。しかしそれらは人の心のあり方の三様でもあります。人は楽観だけでも悲観だけでも通用しないので、それらを内包しつつ進まざるを得ないようにできている、つまりそのように、創られているということになります。[15]

そこで祈りの叶わないケースに戻りますが、その場合は結果がどうであれ、アッラーのお計らいであることは変わらないので、それはありがたく受け入れることとなります。そしてそれは時として喜びをもたらし、時として人の忍耐を問う試練の機会ともなります。人はアッラーに仕え、試されるために創造され、生きているという一事にもどることになると、イスラームでは観念することとなります。

こういった思考回路が自分のものになっているということも、「祈る人」の心であり、信仰の宿る心ということになります。

【註】

（1）鎌田東二『ケアの時代 「負の感情」とのつき合い方』淡交社、二〇二一年。

（2）水谷周、鎌田東二共著『祈りは人の半分』国書刊行会、二〇二一年。神道では協働の祈りが祭りであり、個人のそれが歌であるという鎌田氏の説明も分かりやすい。同書一三九頁―一四九頁。

（3）（一般社団法人）日本臨床宗教師会（会長は鎌田東二氏）では、二〇二二年三月一一日、「いのちと平和の祈り」を実施した。それはウクライナ情勢、新型コロナ・ウイルス感染症、東日本大震災などの自然災害に向けての祈りであった。その後も各地で同様の祈りが行われるように呼び掛けている。

(4) 緒方正実『孤闘—正直に生きる』創想社、二〇〇九年。第三一回熊日出版文化賞の受賞作品となった、多くは原資料を収集した形だが、五七九頁わたる大著。

(5) 緒方正実『水俣・女島の海に生きる　わが闘病と認定の半生』世識書房、二〇一六年。二二一—三頁。

(6) 石井光太『祈りの現場』サンガ、二〇一五年。

(7) ジェームズ・アウトラム・フレイザー『信仰による祈り』イーグレプ、二〇一四年。五八頁の経験録の小冊子だが、大部の分析的な研究書にも劣らぬ迫力がある。

(8) https://ameblo.jp/hiroo117/entry-12090335871.html　二〇二一年一一月一〇日検索。

(9) マザー・テレサ『マザー・テレサ　愛と祈りのことば』渡辺和子訳、PHP文庫、二〇〇〇年。

(10) 妙好人については、前出『祈りは人の半分』第三章ア．の記述を増補し、改めたもの。

(11) 鈴木大拙『妙好人』法蔵館、平成七年。第二版。綴り方を最小限改訂して引用した。

(12) 鈴木大拙『宗教経験の真実』大東出版社、一九九〇年。新版。

(13) 仏教の読経や称名念仏が祈りというのに当たることは直ちに理解される。それに加えて、禅も同様であるとされる。「神秘主義的な祈り方の変種に、仏教信仰の瞑想がある。仏教は神や恩寵に対する信仰を持たない救済宗教であるが、その瞑想も最高善に対する人格的な関りを持たない瞑想ないし観想である。感情を動かさずに「苦」について省察することによって、修行僧は歓びに満ちた平静へと昇ってゆく。そして平静から聖なる無感動へ、無感動から涅槃へ、つまり完全な消滅ないしは風化へと至るのだ。」前出、フリードリヒ・ハイラー『祈り』国書刊行会、二〇一八年。五一八頁。

(14)『クルアーン―やさしい和訳』水谷周監訳著、杉本恭一郎訳補完、国書刊行会、二〇一一年。第五版。三三頁。本書のクルアーンの文言は、全て同和訳から引用した。

(15) イブン・カイイム・アルジャウズィーヤ『作法全書(ジャーミウ・アルアーダーブ)』ジェッダ、二〇〇四年。全四巻。第四巻、四五七―四八八頁。(アラビア語)

二、信心と俗心

信心は熟した言葉ですが、俗心の方はそうでもありません。人の心は移ろいやすく、それはまだら模様ともいえます。ということは、白と黒に鮮明に分けられるものでもないのでしょう。しかしここでは、あえて題目として明確にするために、対比させて、信心でない方を俗心と呼ぶこととしました。狙いは信心の実態を浮き彫りにするということにあります。実際手のひらを返したように、俗心は信心へと変貌を遂げる事例が多数見られるのです。

(一) 二つの「幾山河」

著者の好きな歌人に、若山牧水（一八八五—一九二八年）がいます。自分としてはそれほど和歌になじみがあるわけではないのですが、かれの旅情あふれる雰囲気とそれに伴う自然を題材とした内容に打たれるものがあるからです。その中でも有名なものの一つに、次の歌があります。

幾山河　こえさりゆかば　寂しさの
　　はてなむ国ぞ　けふも旅ゆく

何とも心寂しい、もの悲しい情景が目に浮かびます。かれは中世の西行のような、旅が人生という歌人でした。そして行く先々で多くの寂しさを歌ったのでした。故郷の九州・宮崎での作品には次のようなものもあります。

ふるさとの　尾鈴の山のかなしさよ
　　秋もかすみの　たなびきて居り

さて前の「幾山河」の歌に戻りますと、驚かされるほどそれに似た内容の詩がドイツのカール・ブッセ（一八七二―一九一八年）によっても歌われていました。これも相当広く知られています。

山のあなたの空遠く、幸い住むと人のいふ

このドイツの詩の方が、幸せを直接に言及している分、牧水のよりも生々しい感じです。これも国民性の違いからでしょうか。ただし両者に明瞭に共通している点は、いずれもが両足をしっかりとこの世だけに置いているということです。一切のあの世感はありません。

これらの歌人は「今日も旅行く」のですが、旅先や「山のあなた」には寂しさも消えて、幸いが住んでいるという期待感に支えられています。でもそれは確かな支えでしょうか。いやそれは、むしろ極めて淡い望みであり、もっとはっきり言うとほとんど失われつつあって、それは虚無感に近いように思われます。

その心境はもう、果てしなく絶望に近いのでしょうが、溺れる前に最後の藁《わら》にしがみついている姿といえるでしょう。この絶望は暗黒です。ところが絶望と虚無感から何がしか救っているのは、自然への愛、山や空の雄大さへの賛美、そしてそれらが喚起する、生きていることへの喜びです。それが文学作品として一世紀経った今でも、人の心を打つのでしょう。

しかしこのようにか細い将来像は、今にも燃え尽きて落ちそうな線香花火のようなものです。いかにも頼りなくて、とても人の命や魂を正面からぶつける目標にはなりません。人はそのような頼りない、細々とした藁や綱にしがみついてしか生きて行けないのでしょうか。このように頭を巡らせると、そこで突然手のひら返しが起こるのを感じることができます。それは絶望から希望への手のひら返しです。線香花火ではなく、「玉屋」という叫び声も聞こえるような、大輪の花火に転じるのです。

そこで起こることは、小さな灯を一つのものとしてではなく、全体の大きな炎火の一部として見方を改めるということです。自分一人の幸、不幸の問題ではなく、それらを含みつつ、全体の情勢や運命に思いを馳せるということです。全体の模様を見晴らすと新たな展望と視野が開かれます。

それは一段の高みから見渡すこととなります。そうするとどのような状況であれ、その全体の中に自らがあること自体が不可思議で貴重なものとなり、従ってそれは有難く感謝を捧げるものになります。この世の寂しさであったのが、あの世の有難さに一気に豹変《ひょうへん》しているとも表現できます。

この有難さというのは、それまでのものとは異なって、寂しさや悲しさや、苦しみや痛みも有難く思うということなのです。何とも逆説的と思われるかもしれませんが、それらの苦難はやはり自分に与えられた定めであり、定めを与えていただいたことは、どう考えてもやはり恵みであり、それは感謝の対象になるという仕組みが了解されるということです。既に前章でみた通り、浄土教で有名な妙好人は、朝から晩までひたすら「ありがたや、ありがたや」と、繰り返していました。

こうなると災害も有難いし、病苦も有難いのです。他方、もちろん普通に言うところの幸福のさまざまな恵みも有難いことは間違いありません。ですから、このあたりのバランスは失念しないで、苦難の方がより有難いと言っているわけではありません。もっと極端に言うならば、死さえも有難いのです。昔、山中鹿介《しかのすけ》（一五七八年没）は「願わくば、我に七難八苦を与えたまえ」と言って祈願したそうです。

こうして定めを与えてもらったのは、何とも感謝、感謝です。それに一抹の文句もなければ

ば、不満もありません。著者流に歌い直せば、

幾山河　越え行く日々のありがたさ
わが身と心　慈衣《じえ》につつまれ

ということになるのです。つまり「幾山河」とは、どこでも、という場所的なことで、「越え行く日々の」とは、何時でもという、時間的なことです。いつでもどこでも、有難いのです。その間、「越え行く」以上、常に尽力していることは間違いないことであり、また自分の身と心は、あの方の恵みの衣に包まれているようなものだという意味になります。

もちろんこれでは、通常の文学としての風情も感性もないと言われればその通りです。しかしあの世の事柄をいつも意識しながら生きて、そしていわばそれら両世界を両足の置きどころとする信仰の立場からすると、こうした読み直しをどうしてもしたくなるのです。二つの「幾山河」の和歌を並べてみると、この世の寂しさという現世感覚から、あの世の有難さという来世感覚に手のひら返しになっていることが、一目瞭然になっていると思われるからです。またこの対比によって、読まれた方々に信仰の心境と展望が明らかになれば、またまた「ありがたや、ありがたや」です。

ちなみに来世感覚に手のひら返しになっている心境は、前章で触れた寺院に掲げられた標語とも同じものです。「日常の中の祈り、祈りの中の日常」という言葉の後半は、文字通り

「わが身と心　慈衣につつまれ」と軌を一にしているのです。さらに前章に遡れば、英人宣教師も異口同音に語り、マザー・テレサは「祈るために、仕事を中断する必要はないのです。仕事を祈りであるかのようにし続ければよいのです。」と言いました。また妙好人浅原才市は「さいちがごくらく、どこにある、こころにみちて、み（身）にみちて、なむあみだぶが、わしがごくらく。」というのをすでに見ました。現世と来世は出入り自由であり、そのような手のひら返し状態の諸例を見てきたということになります。

（二）雪の日の決断

俗心は手のひら返しで信心に昇華することを、前節で見ました。次に信心は見過ごされがちだという話です。明確な善行は信心の表れと見られるのに苦労入りません。そうではなく消極的で、何もしない場合は注目されません。しかしそこにそれなりに信心が働いているケースもあるのです。

実話で話を進めましょう。近年、イスラームの啓典を巡るシンポジウムがあったのですが、その際に次のような話を著者からしました。その日は都内が雪で白くなっていました。その寒い中を参加した人には善行に対する恵みや報奨があると考えるのは自然ですが、一方、厳寒の中の道のりの安全や健康を考えて欠席した人も種々悩んで努力して決断したので、やはり報奨があるだろうという趣旨でした。

そこでこの指摘を受けて、結局のところ出席しても欠席してもどちらでも得るところがあると言うだけであれば、それはただ現世的な判断と変わりありません。あるいは、人は自分の判断で進退を自由に決めて良いという一例として理解するのであれば、それは法律的な発想になります。ちなみにイスラーム法では義務でもなく、禁止もされていない事項は自由裁量の許される範疇になるからです。

信心を語るときには、非常に目立たない側面も丁寧に取り上げる必要があります。目に見える即物的な側面の観察は、誰であってもし損じたり、方向感覚をなくしたりすることはあまりないでしょう。しかし信心は繊細で、微妙な世界です。つまり現世的な判断でもなく、法律的なものでもなく、会合への出欠のいずれであっても最善の尽力をしたかどうかの心のプロセスが、信仰から言えば課題となるのです。

恵みや報奨の有無やその大小の裁決は、主や神仏のみの専権事項です。これは当然です。ところが、善行への決意と実行が信心の問われている領域ということになります。そこには日常的で即物的な世界とは異次元の信仰世界があり、その中に入りきることが信仰心というものであるということです。それを一般論として言えば、固有の価値体系としての宗教世界そのものが念頭にあり、それで心が充満されていることが必須条件だということになります。信仰とは薄いガラスの城のように壊れやすい面があります。それは地震大国の日本だからではありません。物欲が横行し、見えない諸価値をないがしろにし、人の心や魂を語ることはまずないという、劣悪な精神的環境だからです。著名なキリスト教者であった、矢内原忠雄（一九六一年没）は次のように講演しています。

人間は本当に他人に分からない、他人の知らない苦しみを皆持っている。ですから日本のような不信者の多い社会では、信仰的でない家庭がありますし、世の中がそうですから、そういう中にあって信仰を持っている者の苦しみは非常に大きいものがあります。[16]

さらに言えば、信心というものはそもそも、それ自体日常の迫りくる多くの圧迫と攻撃の下で、いつも潰されそうな運命にあるということです。それだけに、正しくありたい（誤道から救われたい）、人に優しく親切でありたいという強靭な求道の精神がなければ維持できないということになります。逆に正道にあることの有り難さは、言葉に尽くせません。そしてその心境の安らかさも格別のものだということになります。

信仰心はいつも変化している万華鏡のようなものだけに、それを前提にいつも自省し、自らを顧みる必要があります。そしてそのような習性を付けておくに越したことはないでしょう。それは電車の中にいても、会食の席でも、少々工夫すればできます。現代日本の生活の中でも十分に実践可能なのですから、こんなありがたいことはないというのが結論でしょう。

（三）大衆の信心

前節の「雪の日の決断」の話は、本書のタイトルのように信心の小さな「滴」の事例でした。それは滴のように小さくても、人目に付くような模範的な善行と、信心の働きとしての意味合いは変わらないという結論でした。大切なことは、最善を尽くしたかどうか、という尽力の有無でした。

そこで本節では、このような小さな「滴」の諸例をもっと広く見ていきたいと思います。各々の滴が、信仰のあり方の好例を提供しているので、それらはいわばキラキラと輝く真珠や宝石の集まりのようなものです。それらは、『観音の霊験』[17]という一書に盛りだくさんに見いだせます。観音様の呼称で昔から親しまれた観音菩薩は法華経に出てきますが、民間信仰の対象となって広く知られています。大衆の信仰ですから、小さな話が自然多くなり、それだけに滴のような事例に事欠かないということになります。

ちなみに神奈川県の大船駅からは、近くの丘の上に飛び出すように観音様の上半身が純白の像として鎮座しているのは、人の眼に親しまれています。しかしこの『観音の霊験』のこ

写真６　大船駅近くの観音像

とは、大船の観音様ほどには、出版物としてはあまり知られていないでしょうから、それ自体が書物群の中の「滴」のようであることも、何か同書に一目置きたくなる理由です。それは戦前の出版物ですが、当時の宗教学者が取りまとめたもので、一般人の観音体験、著名人の信仰、逸話集などが収録されています。

なお、民間信仰の研究は圧倒的に少なくて、たとえば「数珠回し」[18]のような行事は「滴」の好例として大変関心が引かれますが、まとまった資料としてはまず何も出されていないのです。それだけに、この『観音の霊験』は貴重と思われます。ただそれも現在電子書物にもなっているのは、そのような希少価値が認められているのでしょう。この書籍より幾つか印象深い個所を見てみます。なお以下では、現代日本語に置き直して記述してあります。

ア．一心一向の信仰

観音信仰に入った一つの契機と、その信仰に基づく覚悟について、『観音の霊験』の編者である中野環堂自身が次のように述べています。彼が留学中に、一人で米国の病院に入っている時のことでした。

「南無大慈大悲観世音菩薩」こう念じると、今までの淋しさもなくなれば、悲しさ、やるせなさを忘れてしまった。観音さまを念じることによって、私は（周囲の患者たちのように）身内の者や、恋人が訪れてくれたにもまさる喜びを味わうことができたのである。私は慰められた。これが、私がある意味において観音さまを信じるようになった動機である。寂しい、悲しい、やるせない、病中のこの逆境が私を信仰に導いてくれたのである。（二九頁）

私は病気でどんなに苦しんでも、その間「直してくれ、直りたい」と思ったことはない。死ぬも寿命なら、生きるのも因縁である。仏様の御心のままだ。何もくよくよするに及ばない。ただ無念無想、精神を統一しているだけである。これが、病気にもよいのであろう。私の病気が手術もせずに、ケロリと直ったことは、現代医学からみるとたしかに不思議であり、奇蹟である。しかし、私にはこんなことが常にある。（三二頁）

同人は元来病弱であったが、いわゆる病上手の、死に下手であって、病のために床に伏して、医者や看護婦に面倒見てもらうことで、生きながらえていたということです。それだけに病気からの救出祈願のために、観音様への一心一向の帰依の契機を授かったのでしょう。

そして帰依一筋にあることで、体調自身も回復するということは現実にあってもおかしくはないということです。それが最強の癒しにもなっていました。彼は、

(霊験などを)不思議とするのは、精神的科学の研究が足らないからである。(四頁)

と言い切っているのには、竹を割るような快感を覚えさせられます。

イ．某海軍中将の観音霊験

この海軍中将は、沈没した艦船の船底から数名の乗員を救うことができて、観音信仰に入ったといいます。その感激の様子は次の通りです。

もはや呼吸《いき》は絶えて居るのではないか、皆の者が悲壮な殉職をしているのではないか。……ところが、何という奇跡でしょうか、艦首の八名は皆すこぶる元気で飛び出してきた。人々は全く驚いてしまい、憂いはたちまち歓喜に変わった。私は早速、御札に感謝の御礼を申し上げると共にはるか東方の、東京浅草の観音さまに向って、「何という広大無辺の御力である、御慈悲の深いことである!」(と有難さが身にしみ渡ったのである)。(六五頁)

ここで注目しておきたい一句は、「憂いはたちまち歓喜に変わった」という個所です。つまり前にしきりに見た、「手のひら返し」が起こっていたのです。それだけにその感激は、一層

のものがあったと想像するのに難くありません。

その後、都内の看護学校において彼は次のように講話して、観音信仰の精神を説いたと記しています。

「観音さまは慈悲の菩薩である。慈とは与楽であり、悲とは抜苦である。苦を抜き、楽を与えるのが、皆様の天職であるが、それは観音さまの御心と同じなのであるから、どうか皆様も観音さまとなって、世の人々を救ってあげねばなりません」と。とにかく、観音さまは現世の救いがあるからありがたい。現代人の生活にぴったりくるのである。私は、ただ迷信に堕せぬようにと考えて、観音信仰を実践している。朝は般若心経と延命十句経を読誦している。日曜には観音経をあげている。そうしてさらに深い観音信仰に入り、微力ながらも菩薩行をしたいと常々念願している次第である。（六六頁）

「手のひら返し」が鮮烈であればあるほど、その後の信心は確固たるものとなるようです。

ウ．某企業の専務取締役と品川高等女学校長代理漆雅子女史の観音霊験

この専務取締役は、つとに観音信仰の深いことで知られていました。

私は人からよく質問を受ける。「観音様を信仰すれば金が儲かりますか」これに対して、「必ず儲かりますよ。」と言えば喜んでその人は観音様を信仰するでしょうが、もし

いくら信仰しても金が儲からず、反対に損でもしたならば観音様を恨むようなことになりましょう。私はお答えする時に必ずこう申します。「儲かる、儲からんということを真っ先に頭に置かずに、まず観音様を拝んで御覧なさい。合掌する時は自分の右手は観音様、左手は自分と思って観音様と自分をピッタリ合わす、ピッタリ合った時には必ず観音の妙智力が起こってきますよ。」(一一一—一一二頁)

先に見た石像で、写真三．の「合掌の像」の姿を思い浮かべると早いのでしょう。そして次の話は高等女学校の先生のものですが、現世利益との関連があります。

先年も洋裁室が漏電のため、まさに大火になろうとしたが、不思議に一坪ばかりこがしたのみで消し止めることができた。これも一つに観音信仰の利益であろうと信じ、まことに有り難いことであると思う。道理に合わぬ、学問的でない、科学的でない、と言って私の話を一笑に付される方があれば、それも結構である。しかし私は信仰というものは絶対的なものであると思い、理屈がましいことは抜きにし、聖天様ないし観音様はありがたいものであると信じ、ただ涙を流している次第である。とにかく、信仰に理屈は必要でないと思う。信ぜずにはいられない、そしてただひたむきに信じていると、御利益は願わなくとも、いろいろ有難いこと、もったいないことが終始体験できると思う。(一三三—一三四頁)

最後の一節は、繰り返す価値があるでしょう。

私は信仰というものは絶対的なものであると思い、理屈がましいことは抜きにし、ただ涙を流している次第である。とにかく、信仰に理屈は必要でないと思う。信ぜずにはいられない、……そしてただひたむきに信じていると、……いろいろ有難いこと、もったいないことが終始体験できると思う。

エ．大妻高等女学校校長大妻コタカ女史の観音霊験

目に見えぬ神に向いて恥ないのは、人の心の誠なり。(一三七頁)

私どもは霊眼がないから、見えないことが数多くあるけれども、神様の方からは善きも悪しきもみんなよくお分かりになっておられる。人が見ているから、いないからと区別はすまい、また人が何と言おうと書こうとかまわない、正しく行ってゆくばかりだと決心したのも観音信仰からであります。……私の今日あるのは、その他の神様のおかげもありますが、観音様のおかげ―ご加護とお導き―が特に大きいことを思います。感謝の心で過ごしている次第でございます。(一三七―一三八頁)

オ．東京女子商業学校長嘉悦孝子女史の観音霊験

世の中がだんだん物質万能にかたよって来るようですが、物質ばかりでは決して人間の安心も幸福も得られるものではありません。物質はかえって悩みのたね、それを離れさせてくれるものは信仰であります。信仰する者には常に感謝と喜びがあります。……（車中に普段は使わない肩掛けを忘れてきて）私は自動車番号も覚えておりますから、探せばすぐにわかるとは思いましたけれども、「よけいなことをしたから、仏様がそうしたもの（その肩掛け）をしないでよいというので、お取り上げになったのでしょう」と申しそのままにいたしました。こう考えられるのも信仰のおかげで、少しも惜しまず、心にわだかまりもなく、かえって御戒めを有難く思って感謝しております。（一五〇―一五一頁）

最後の一節は、この世の事柄をあの世の脈絡で理解するという好例になっています。「よけいなことをしたから、仏様がそうしたもの（その肩掛け）をしないでよいというので、お取り上げになったのでしょう」という一文に留意しましょう。

カ．死刑囚の話

昭和八年に市ケ谷刑務所で死刑が執行されました。極悪の人殺しとされた藤吉という名前の男でしたが、その最後は観音経を携えていたといいます。

死刑立会人の話によると、藤吉の死はあまりに立派であった。午前九時監房から引き出すと、「どうかしばらく待ってください」と言う。何をするのかと見ていると、ちゃんと帷子に着替え、静座して観音経を一度高らかに読誦し、それから右の手に数珠、左の手に観音経をもってしずしずと、何の不安もなく、何の未練もなく、断頭台に上って行った。死に着くこと帰するがごとく、悠々として不安もなく、畏れもないその悟りきった姿を見たとき、人々はなんと言ったか。「ああ、あれが、極悪の人殺しまで犯した大罪人であろうか！」彼は死の直前、人々に向って言った。「私のような者でも、きよらかな者となることができました。どうか、悪い人々を善い方に導いてください。」彼の心からなる懺悔、真心の叫びはどんなに人々を感動させたことでしょう。（その最後の遺言は）「わが心、今より後は、出流山（栃木市）の、地蔵となりて、人を導く」であった。（一六二―一六三頁）

キ．芸者妻吉の観音霊験

ここに明治初頭の、すさまじい話があります。妻吉は踊りがうまく、若い頃に遊郭に入ることとなりました。しかし狂人が現れたため、妻吉の両腕は切り落とされてしまいました。この狂人とは楼閣の主人万次郎であったが、後日の裁判において、妻吉は裁判官に、彼を恨んでいるかと問われました。その答え方は、次の通りでしたが、それは観音精神の第一の表れだったとされます。

私は平素の万次郎をお父さんとして見ると、私はどのくらい可愛いがられたか分かりません。私はどうしてもお父さんとしての彼を恨むことができないのです。……私は万次郎を憎みません。そしてまた万次郎の罪を軽くなることでならば、裁判所へでも、どこへでも証人に出ます。（二〇四頁）

その後妻吉は結婚して子供にも恵まれましたが、早くに夫は女中と関係したため離縁の憂き目に会い、ついには希望通り仏道に身を託すこととなりました。その際の彼女の感想です。

私の心は苦痛のため仏陀を呼びました。御名を唱えました。私はこの苦患に陥る度に観世音菩薩を念じたのです。……私の心の根本が観音様の御手に握られている限り、いかなる苦難も私の心身をどうすることもできないでしょう。私はこれを固く、信じております。（二〇五頁）

すさまじい生涯でしたが、妻吉の心には最良の信心の果実である安寧と救いが溢れんばかりでした。

「私の心の根本が観音様の御手に握られている」という表現は、堅固な信心を表して余りあるものでしょう。

(四) 名僧の信心

名著『禅に生きる』[19]の著者で禅僧の澤木興道(一八八〇—一九六五)は、三重県津市の人でしたが、全国を行脚して「宿なし興道」ともいわれました。「寺も、金も、名誉も持たぬ」をモットーに、一生を雲水の生活と修行に明け暮れたことで知られています。

写真7 澤木興道師近影

座禅や悟りについては、多数の解説書や古来の名著がありますが。それらに比べて、同書は求道の実践が生きた形で語られているところに、魅力と独特の説得力があります。彼の言行録を口述によりまとめたこの本は赤裸々な信仰告白ともなっていて、一言一句がゆるがせにできない迫力に満ちています。真の信仰を求める者の姿勢には、宗教の如何を問わず学ぶべきものが多いことを知らされます。そこでこの本は通常さほど注目されてはいませんが、どうしてもこれも「名著」に列したいのです。

また同書は『観音の霊験』で見たような小さな信仰の滴ではなく、大粒で社会的にも広く知れ渡った典型的な事例と言えるでしょう。ところが表記に漢語が横溢しているのは今となっては難関なので現代語に改め、また注目される諸点をまとめ、さらに著者の注を（　）書きにして、通読しやすくしました。

ア．遊郭に育つ

『観音の霊験』の諸事例の最後は、妻吉という遊郭の芸者の話でした。今はもうないような場所ですが、遊郭は社会で最悪の場面を露わにする地区だったと言えるのでしょう。しかしそういった所が純粋な信仰を育む温床となっているのを見ると、その因果関係自体が不可思議な気持ちを持たせられます。そしてここに見る、禅僧の信心覚醒とその生涯こそは、現代に生きる不可思議です。

彼にとって遊郭が最上の教育環境だったというのにはただ驚かされるだけです。両親を亡くして孤児となった後、澤木の養家は遊郭にあったのでした。

「人間は、内緒ごとはできんぞ。」これがそのときの実感であった。この男性客はまさかこんなところで死ぬつもりはなかったろう、家を出るときには、何か用事があるような顔をして、すまして出てきたことであろう。「今から娼婦買いに行ってくるよ」と妻に

断ってくるはずないにきまっている。（八頁）

わしがこんなふうに無常を観じたのは、環境が環境であったからである。養家の生活環境というものは、この世の中の最悪、最下等のどん底で、人格だの教育だのということとは縁もゆかりもないところだったが、実はそれが却って最上の教育環境であったようだ。（一〇頁）

イ．道を求めるはじめ

千秋さん一家は、こんな人生の裏町に住居しながら、不思議なほど清らかな生活をしていた。（一二頁）（千秋さんは近所の日本画家）

千秋さんばかりでなく、その家族全部の人たちの雰囲気に何となく清らかなものを感じて、いつの間にか自分自身の中にも「道を求める」というような観念がはぐくまれていた。（一五頁）

世の中に金や名誉よりも大切なものがあると知ったのは、まったく千秋さんが色々な話をしてくれたり、色々なことを教えてくれたお陰だった。そして、これがとうとうわしの一生を決定した。……わしは世の中に金より尊い高貴なものがあるということを知らされながら、自分自身は最下等の下品な泥沼の現実の中にあって、何ともいえぬ深刻

な矛盾に巻き込まれて苦しまなければならなかった。（一六頁）

ウ．無我を知る

むしろ自分の要求を捨ててしまって、この身ぐるみ全部を他人のために使い盡していくのが本当だ。我々はいつ死ぬかわからぬが、要するに人のためになったというだけが人生の意味だ。……真宗の寺へ、よくお説教を聞きに行った。そこでは、こんなことを「無我」というのだと知らされた。そのことは坊さんになって、ひたすらこの道を求めたいという気持ちにまでだんだんせりあげていった。（二五頁）

こうして気持ちが高揚する中、一度は家出を試みるが失敗に終わってしまいました。しかしその後、ついに澤木は出家を決意して、永平寺にたどり着いたのでした。

エ．雪山童子の強烈な求道の話

諸行無常是生滅法、生滅滅已寂滅為楽（二八頁）

真実を教えるという悪鬼の腹が空いたと言うので、自分の身を食べてもいいから真実を教えて欲しいと言って身を投げた雪山に住む童子の激しい求道心の逸話。童子が木の上から身を投じた瞬間に鬼は菩薩に戻って、童子を救って助けたといいます。イスラームで似た話は、神の命令で息子を犠牲にすることを決意した瞬間に預言者イブラーヒームは赦されて、代わりに羊を犠牲に付すように神に命じられたといいます。神の指図に従うという帰依の心が、すなわち信心であり、それが試されたという話です。

オ．既成宗門の無気力さ

すなわち、あつかいやすくて、飼い慣らしの楽なのを可愛がり、骨と意気地のあるものをひどく嫌った。もっとも今日になってみると、この風潮の方がむしろ一般的で、宗門一般が無気力になってしまっている。そういうふうでは、ピチピチした弾力のある、いきのいいのを教育しきれないのだ。そこに、形式化して迫力を喪失した既成宗門の無気力な実態が露呈されていると思う。（六二頁）

カ．人間塞翁が馬

してみれば、何がいいのやら悪いのやら、何が幸なのか不幸なのか、にわかに決めてしまうわけにもゆかないのである。（六六頁）（師匠に嫌われて他へ送られたことで、真に随身する師と出会うことができたという顛末）

わしの顔さえ見ると、「金、金、金、金」と、無心をする以外には何も言うことはなか

った。思うに、わしが堕落することができなかったのは、実にこの「あきれた養父」のお陰である。（九三頁）

このように人の判断する良し悪しは限界があり、本当のところはその判断の可能な範囲を超えたところにあるとする見方は、人間界を超越した存在を感じ取るきっかけとなります。そして人には定めがあることの認識にもなるということ。

キ．人間の本音

人間というものはドタン場まで行って見なければ、ほんものの実物にはつき当たらぬものである。平常如何に実物をお留守にして、にせものを作ることにのみ苦労しているかということが、手にとるようによくわかった。（八四頁）

演習という「にせもの」ではなく、実際の日露戦争の際、満州の戦場で日ごろ威張っていた将校が敵弾の下で怯えた様子。

ク．生と死

仏法のためになったのなら兎に角、逆に仏法を自分の生活の足しにしている坊主生活が、ただ人の死ぬのをもって、葬式のお布施稼ぎで暮らしているだけなら、お陰（仏の慈悲）どころか、仏を削って食いつぶしているだけのことである。そうなると、かえって仏を殺し、世を害する魔ともなる場合がある。そんな生活をするために自分の生命があったところが、何でもない。事実、生きていたほうがよかったかどうかは、一生を通じて見なければわかるものではない。わしはいつも自分の生命というものを、むかしも今も変わらず、かく透明に見渡してきている。(九九頁)

ケ. 他宗門での緊張

当時のわしはずっと他宗門(奈良法隆寺勧学院(聖徳宗)で勉学)にいて、骨の髄までそれに染まりたくない、どこまでも永平門下(曹洞宗)の節操を保持しようと一生懸命だった。……それが、後の蘆墉宮《ろようきゅう》(法隆寺旧跡の地)の空寺(常福寺)における三年間の閉関坐禅にまで純化されていったのである。(一三一頁)

この精神的な葛藤が、三年間の孤独の修行の原動力となったのでした。

コ. 信仰と真実の生活

わしはいつも「出家とは自己の生活を創造するものである」といっているが、今の坊さんたちも、折角、仏門に身を置いたのだから、細君があるならあるでいい、子供があるならあるでいい、そのままでいいから、めいめい信仰というものをもって、真の仏道体験から割り出して自分の今のこの国での生活をいきいきと創造して、真実の生活をして貫いたい。（一四六頁）

サ．正しい発心

発心正しからざれば、萬行空し。（一五八頁）

我欲の突っ張った、雑念混じりの信心は排すべしということ。

シ．無常に生きる

真実なる自己の生命を挙げて発心して座禅するのである。道元禅師の只管打坐は処世術でも技術でもない。人格の真実である。無常ということは、生きることである。いかにして、真実の生活をするかの努力が仏道者なのである。なにかのまねであったり、つくりものであったりしたならば、そんなものは人間ごとであっても仏道ではない。仏道とは、いろいろな動きをする以前の、もとの自分になることなのである。（一五九頁）

澤木禅師は、座禅は何にもならないと説きつつ、座禅に励みました。ただひたすら座禅することを重視する曹洞宗の立場から、公案を重視する臨済宗の座禅の方法には「我」が入り込むとして批判しました。

ス．ふがいない師匠

わしのところへ小僧に来る者は、寺も、名誉も、金も欲しくないということでなければ駄目である。わしには、小僧に分けてやる寺も、金も、名誉もないし、わしに随身していても永久に出世しないだろう。世間的に考えればまことにふがいない、意気地なしの師匠である。(二〇〇頁)

セ．一冊でも多くの本を

一面から見ると、わしの一生は印刷屋や本屋へ奉公しながら、世の中に一冊でも多くの古仏の書をのこし、それが容易に、人々の手に入るようにあらしめたいと努力したに過ぎぬといってもいい。(二三〇頁)

澤木禅師の著者は多数ありますが、すべて口述筆記でした。

（五）入信、確信、極信

信仰に目覚める初めの段階から、それが確立され、次いでその頂点に達するというシナリオを描くことができます。それらを入信、確信、極信と命名しておきましょう。イスラームでは、古来そのような三段階構成を信者に提示して、意識をしっかり持つように指導してきました。当初の段階では信仰しているかと思うとすぐに過ちを犯して悪い方向に傾いてしまう段階（アンマーラ・ビッ・スーィ）、次は自責の念に駆られてばかりいる段階（ラウワーマ）、最後には安寧に満ちた安心大悟の段階（イトミィナーン）と称されてきました。もちろんそれらの厳密な区別や、定義は論外ですが、自分の心境や状況を判断する一つの目安になるということです。

そこで本節では、これらの三段階の視点から、いろいろの宗教における信心の深化の様子を、いくつかの事例を挙げつつ紹介してみたいと思います。そうすることで、読者方々の道標になるかとも期待します。

ア．入信

前の二節においては、期せずして遊郭の生活の中からの入信を果たす様を見てきました。

そこはこの世で最低、最下限と言われる状況でした。そしてそこからの入信は、道徳や信仰渇望の最高度の緊張感と希求感に満ちたものであったと言わねばなりません。そしてこれら二つのケースではいずれも、出家することに落ち着きました。

次いでキリスト教では入信（回心）の場面が、教えを激しく求める姿として語られることが多いようです。以下では二つの例の概略を見てみましょう。初めには、日本のキリスト教者として先駆的な内村鑑三（一八六一―一九三〇年）の自伝『余は如何にして基督信徒なりし乎』に見ます[20]。

彼は元来、日本における神々が矛盾含みな諸要求を出すことに納得行かず、戸惑いと不満を持っていました。しかしそれは通い始めた札幌農学校の先輩たちによって、半強制的にキリスト教入信の誓約書に署名させられることで、一気に終わることとなりました。

神々が多種多様なことはしばしば甲の神の要求と乙の神の要求との矛盾をもたらした、そして悲愴なのは甲の神をも乙の神をも満足させなければならないときの良心的な者の苦境であった。かように多数の、満足させ宥《なだ》むべき神々があって、余は自然に気むずかしい物おじする子供であった。（一八頁）

契約に署名するよう余に強制した。どこか極端な禁酒論者が手に負えない酔っぱらいを説き伏せて禁酒誓約に署名させるやり方であった。余はついに屈服した。そしてそれに署名した。余はかような強制に屈服せずに踏みとどまるべきであったかどうか、しばしば自問自答する。余はわずか一六歳の一少年に過ぎなかった。（二二頁）しかしその後は長年にわたる米国での活動も経て、キリスト教信徒としての本髄を会得することとなったのでした。

この人生はわれわれが如何にして天国に入るかを教えられる学校なり。この人生の最大の成功は、それゆえ、『貴重なる永遠的なる教訓』を学ぶにあり。（一三八頁）

神の子（イエス）の贖《あがな》いの恩恵による罪からの救いである。それはこれ（余の小さな魂の救い）以上であるかも知れぬ、しかしこれ以下であることはできない。これが、それならば、基督教の真髄である。そして法王、監督、牧師、その他の有用無用の付随物はそれの欠くべからざる部分ではない。そういうものとして、それは他の何物にもまさって有つ価値がある。いかなる真実の人もそれなしにやってゆくことはできない。そして平安はそれなしに彼のものであることはできない。（二〇八頁）

罪からの救いということが回心の大きな動機となったのは、イエズス会宣教師イグナチオ・デ・ロヨラ（一四九一年―一五五六年）も同様でした。彼はその巡礼期の中で、世俗感覚と信仰生活の二股をふらついていた日々の様子も述べた後に、後者の信仰者としての姿勢を固めるに至ったとしています[21]。

世俗的な事柄を夢中で考え続けている間は大きな快楽を味わったが、その考えに飽きて止めてしまうと、うらぶれた、空しさに満たされた。ところが、裸足でエルサレムに行き、野菜以外何も食べず、聖人たちがなしたことよりも、よりいっそう苛酷な苦行をなそうという想いに留まっている間、慰めを覚えるだけでなく、その考えを止めた後でさえも、心が満たされ、快活であり続けた。（二六―二七頁）

過去の生活のために償（つぐな）いの苦行をすることがどんなに必要であるかを考えないで、聖人たちに見倣いたいという熱望が沸き起こったが、具体的な事柄を考えた。そこで、聖人たちがなしたように、自分もそうしようと、神の恩寵によって約束するだけであった。しかし、全快したらすぐに何よりも為そうと熱望したことは、前に述べたように、エルサレム巡礼であった。巡礼中、神の愛に燃え、寛大な勇気で実行したいと熱望するままに、より多くの鞭打ちや断食を自分もしようと決心した。（二八―二九頁）

こうしてロヨラは世俗の騎士からキリストの騎士へと成長し、一六二二年には法王によって列聖されることとなったのでした。

一方入信の姿がそれほど激しいものとしては語られてこなかったのが、イスラームです。それは、圧倒的に幼年時の教育及び生活体系全体に導かれるケースが多いからだと思われます。これはあたかもメンデルスゾーンやモーツアルトが室内楽団の音楽で目を覚まし、ピカソが画家であった父親の絵筆で遊んでいるうちに、才能に火がついたようなものと言えます。イスラームの国々では、幼年時の近隣のクルアーン塾での教育は、単にクルアーン暗誦だけではなく、信仰生活の雛形を見聞きする場も提供してきたのでした。

生活習慣全体の中でも、信徒間に流れる固有の親密な人間関係も、信仰のもたらす最も甘美な側面として信徒を強く惹き付けてきました。礼拝の後には周囲の人たちと同胞として握手し抱擁し合い、また毎年のマッカ巡礼では数百万人の信徒が白衣に包まれて、一緒に礼拝し諸行事に参加するのです。そこは大都会の人間砂漠とは全く反対で、自然の砂漠地帯の中で繰り広げられる、最も人間的な大感動の舞台であると言っても過言ではありません。

次にイスラームの入信は激しい場面を経ることが多くない事情としては、信仰告白をすれば済むということがあります。即ち、「アッラーをおいて他に神はなく、ムハンマドはアッラーの使徒である」と証言すれば、それで入信の行事は終了します。

またイスラームは「寛容の宗教」であると言われますが、断食も無理のない範囲で出来るだけ行うのが趣旨とされます。その他、勤行の規範が一般に柔軟なことは、一端入信した者の事情に合わせて、伸び伸びと信仰を維持できるようにさせたと考えられます。例えば巡礼中の諸義務や勤行は時間が足りなくて、しようとしても無理な場合もありますが、そのような際には代償として法定の日数だけ断食か喜捨をすればよいと定められているのです。

以上のように従来イスラームの入信過程は、自然であるか、あるいは極端な精神的葛藤を伴わないケースが多いせいか、他宗教に比べて、語り継がれるような入信物語は非常に少ないようです。せいぜい文集程度の体裁ではあるが、著者の手元にあるのは欧米人がキリスト教からイスラームに改宗して入信したものや、日本人ムスリムの場合の諸例を集めたものに過ぎません。

イ．確信

次いで確信の様はどのようなものでしょうか。これも信徒各自により、千差万別であり、また同じ人物が様々に変る万華鏡のような心の移ろいを経験するのだから、文字通り無定形であるとしか言いようがありません。日々の勤行を努める中でもそのような変化は起こっているはずです。

例えばキリスト教だと、前出のイグナチオ・デ・ロヨラの『霊操』のように、信心を固める教本があります。仏教でも、慧開の『無門関』における四八の禅公案は、同種の課程を示すものです。[22] イスラームにも中世のイブン・タイミーヤ（一三二八年没）による『信仰の書』などの著作がありますが、日本語には訳されていません。

イスラームの場合、確信の一つの中心は、アッラーの存在とその無限の力を垣間見ることです。その昔、スペインのアルハンブラ宮殿の天井から射す繊細な光の束を、床に横になって見上げながら信徒はアッラーを思ったといいます。「アッラーは、諸天と地の光です。」（御光章二四：三五）という表現は、視覚的で最も分かりやすいものでした。

前世紀エジプトの碩学、アフマド・アミーン（一九五四年没）の『自伝』には、彼が幼い頃からアッラーが奇跡を行って見せてくれた夢を見たことや、アッラーの光で自分の部屋が満たされた夢を見た時の興奮の様を描写する箇所があります。

余りに神への思いがつのり、夢にまで見たことがあった。それは光のかたちで現れ、部屋一杯にひろがり、「全能を示すため何かしてほしいことを言ってごらん」と宣《のたまわ》った。……私はこの夢を家族に話したら、皆は大いに喜んでくれたので、私の神に対する愛は深まった。(23)

また彼が信仰と見解の違いについて次のように言っているのは、信仰の確信段階に特に妥当する点として参考になります。

一つの見解を持って考えるということと、信じるということとは大変に異なっている。見解はあなたの知識の枠組みに入る事柄である。信じるということはあなたの血を流れる事柄である。それはあなたの骨の髄に入り込み、あなたの心深くに潜入するのである。(24)

ウ. 極信

最後に極心ですが、信仰の頂点を極める段階です。このような段階に到達する人は限られるので、自然とそれに関する記録も多くはありません。キリスト教徒で注目されるのは、中世フランスのブラザー・ローレンス（一六一一―一六九一年）でしょう。彼は料理人でした。しかし彼の篤信振りは広く知れ渡るようになり、その言行録は友人との会話や書簡集などにまとめられて、没後直ちに出版されました。非常に短いものでいろいろの版が出されていますが、せいぜい数十ページしかありません。長短が問題でないのは、信仰の書にはよく見られる現象とも言えます。もちろん理論的な構成ではありませんが、あくまで経験的な叙述の中から逆に強く明確に訴えるものがあります。

以下はローレンスの言行録から、特に印象的な箇所を挙げてみます[25]。

＊神認識は一瞬に極信に達したこと

私（友人）がローレンスに初めて会ったのは、一六六六年八月三日のことだった。彼は一八歳の時に、素晴らしい恩寵として神を覚知したと言った。それは冬のことだった。枯葉が散った木を見たのだ。もう少ししたら葉は戻り、花や果実も現れると思った。その瞬間に彼は神の差配と力量を察知した。この神認識はその後も、彼の魂から少しも薄れなかった。そしてそれは彼を完全に現世から自由にした。その時の神への愛は強いも

ので、それ以来四〇年以上の間、増えたとも思われなかった。（七―八頁）

＊帰依とは

世俗的であれ、精神的であれ、私たちは神に捧げなければならない。苦しくても、楽であっても、神の意思を実現することに、私たちは満足すべきである。神に本当に従う魂にとっては、あらゆる事物は同等である。（一〇頁）

＊神に直結させること

彼（ローレンス）が言うには、神には非常に単純に、率直に、そして明瞭に行動して、何事であれ神の助力を嘆願すべきである。（一六頁）

＊集中すること

困ったときには、他の誰にも相談しなかった。それは神がおられると信じていたからで、神のみにすべてを向けることで満足していた。神を喜ばせることに集中しており、それ以外の結果は気にしなかった。（一九頁）

＊無心さ

彼（ローレンス）は多くの機会に、神の恩寵による導きを経験していた。だから彼は仕事で事前に考えることはしなかった。何かしようとする時は、神の方を向くのであった。完全な鏡を覗いているように、彼は神が何をお望みかを明確に見ることができたのだ。

この頃は、そういうことさえも考えずに、無心でことに当たっている。しかし以前にはもっと事前の備えをすることもあった。（二五―二六頁）

＊極信状態

精神生活は芸術でも科学でもない。神に向かうには、神のみに向かうのだという決意がすべてである。すべては神のためであり、神のみを愛するのである。（二八頁）

＊要約と最後の締め

彼（ローレンス）が言うには、神に導かない事柄はすべて心から捨て去ることが最重要である。そうすれば私たちは神との継続的な会話を自由に、また単純に行うことができるだろう。どの瞬間でも、私たちは神が親しくおられて、神と話していることが分かるはずだ。疑問のあることについては、支援を求めて、神の御考えを尋ねることができる。私たちに求めておられることを実践するため、その助力を求めることもできる。何をするよりもその前に、私たちはあらゆることを神に捧げるべきで、終了後は神に感謝あるのみである。（三〇―三一頁）

（台所の）仕事をする時と祈る時とは、私にとっては変わりない。（四二頁）

最後の言葉は、前述のマザー・テレサの「祈る人」と瓜二つであることは特記しておきたいところです。すでに引用したとおり、彼女は言いました。「祈るために、仕事を中断する必要はないのです。仕事を祈りであるかのようにし続ければよいのです。」

さてここで視点をイスラームに転じてみたいと思います。イスラームにおいては僧侶階層がなく、信仰の深浅にレベルの違いがあるという考えが、元来はっきりあったわけではありません。初期によく争われたのは、内心でアッラーを否定する者をどう考えるか、あるいは罪を犯した者も信徒でありうるのかといった角度の議論でした。つまり信徒であるのかないのかが、共同体の一員として認められるかどうかという深刻な問題として取りざたされました。

しかし時間の経過と共に、そして信仰に熱が入れば入るほど、信仰のレベルが争われることとなるのは、むしろ自然なのでしょう。いわゆるイスラームの神秘主義、スーフィズムにおいては、この段階論が華やかに行われて、各段階を示す称号が与えられたほどでした。他方、これほどに顕在的ではなくとも、誰しも一層程度を高めたい、そして頂点を極めたいというくらいの願望を持っても不思議はありません。この究極感をどのように表現すべきか、定義はされていません。しかし一つの表し方としては次のように言われることがよくあります。

即ち、一元であるアッラーの差配を万物に認めることができるようになることである、と。この一元観こそは、究極のアッラー認識であるとされ、自らもその一端として、アッラーの嘉《よみ》しに包まれることこそは、至福であるとされます。このようにアッラーの存在をいつも身近に感じ取れる状態は、安心大悟（イトミィナーン）とか善行三昧（イフサーン）の段階と呼ばれています。壮大な預言者伝承集『サヒーフ　ムスリム』においては、その巻頭に取り上げられる伝承はまさしくこのイフサーンに関する、預言者の言葉です[26]。

あたかも目前に座すかのようにアッラーを崇めることです。あなたにアッラーのお姿を拝することができなくても、アッラーはあなたを見ておいでになるからです。

アラビア語では禁欲者（ザーヒド）あるいは帰依者（アービド）や篤信家（ムタダイィン）という言葉で、信仰一途の人を呼ぶことがあります。日本語であれば、念仏三昧の妙好人に当たります。

極信のもう一つ別のまとめ方として、以下を紹介しておきましょう。

世界は見える外の世界と見えない内の世界の二つに分かれる。信仰は見えない世界に対するものだが、それは幻覚ではなく生まれついての人間の天性の一部である。外を認識するのは五感により、その結果として知識（イルム）がある。内を知るのは直観（イルハーム）と覚知（マアリファ）によるが、それを点火するのは霊操（リヤーダ）である。前者のために科学と哲学があり、後者のために宗教と芸術がある。宗教の柱は、啓示（ワハイ）と内的世界に到達するための霊操であり、それにより最高の力に最も高貴な感性で触れることができる。従って本来あるべき文明はこれら四つの分野、すなわち科学、哲学、芸術そして宗教を良いバランスで保持していなければならない。しかし近代文明には、この心と宗教の側面が欠如しているのである。[27]

我々は入信と確信の各段階はそれなりに通常の言葉として了解されたとしても、最後の究極感だけは把捉しにくく、概念的に聞こえ、前二者とかなりのギャップを感じても不思議はないかもしれません。しかしこれはことの性格上、不可避な事柄であり、そのもどかしさを少しでも乗り越えようとするのが、本書の趣旨でもあります。

【註】

(16) 矢内原忠雄『信仰と学問　未発表講演集』新地書房、一九八二年。二八三頁。
(17) 中野環堂『観音の霊験』有光社、昭和一五年。『観音全集』全八巻の第三巻。本節は前出『祈りは人の半分』第四章イを増補し改めたもの。
(18) 夏の地蔵盆の時期に行われるが、長い数珠を輪座している信徒の間で回しながら、称名を上げる行事。関係書が皆無であることについては、京都のとある仏教関係専門の古書店主は、「誰も買わないような本は、出す人もいない」と嘆いていた。
(19) 澤木興道『禅に生きる』誠信書房、昭和三一年。本節は前出『祈りは人の半分』第二章アを増補し改めたもの。
(20) 内村鑑三『余は如何にして基督信徒となりし乎』岩波文庫、二〇一一年。第七五刷。

(21) イグナチオ・デ・ロヨラ『ある巡礼者の物語　イグナチオ・デ・ロヨラ自叙伝』岩波文庫、二〇〇〇年。

(22)『霊操』、『無門関』双方とも、岩波文庫所収。

(23) アフマド・アミーン『アフマド・アミーン自伝』拙訳、第三書館、一九九〇年。四三―四四頁。

(24) アフマド・アミーン『溢れる随想』ダール・アンナフダ社、カイロ、一九三八年。全一〇巻。第一巻、六頁。（アラビア語）

(25) ローレンのニコラス・ハーマン（通称ブラザー・ローレンス）『神の御前の行い』ワン・ワールド出版、ロンドン、一九九九年。（英語）

(26) ムスリム『日訳　サヒーフ　ムスリム』日本サウディアラビア協会、一九八七年。全三巻。第一巻、二八頁。

(27) 拙著『穏健派ムスリムの知的闘争―アフマド・アミーン（一八八六―一九五四）』カイロ、エジプト文化省、二〇〇七年。八二頁。（英文）

三、信仰の場面 —自分史を振り返りつつ

(一) とある刑務所にて

二〇二一年初秋の頃、著者の人生で一番驚かされた手紙を受け取りました。それはとある遠隔地にある刑務所の受刑者からでした。きっちりとした書体で書かれており、六頁ほどに渉る長文のものでした。

その人は長年の服役中に多くの不幸に見舞われたそうです。およそ想像のつく話ですが、その間に両親は他界し、妻とは離れてしまったというのです。およそ生きて行く羅針盤もなくなり、さらには出所後の生活への希望も、何もなくなってしまったのでした。

そんな中、残されたのは信仰しかないという強い感覚が働いたそうです。そこで刑務所内の図書館にある、仏教、キリスト教、はてはヒンズー教の教本も読み漁っている中で、出くわしたのが著者のつたないイスラーム道徳に関するものでした[28]。その本は新書版の小さなものですが、執筆した際に読者に分かりやすいようにと考えて、美徳と悪徳を対比するかたち

で、明快な格好に構成したのが功を奏したようです。分かりやすく、心の底より感激したとその手紙にはありました。

誠実・嘘、正義・不正、禁欲・強欲、感謝・恨み、忍耐・怒り、信頼・見せかけ、悔悟・自惚れ、慈悲・恨み、嘉し・嫌悪、といった調子です。イスラームの徳目はすべてアッラーの説かれたところに源泉があるので、これらすべての項目は一つの房にたわわに実るブドウの様な姿がイメージとして浮かびます。事実すべての教えはクルアーンに基礎があり、明確であるだけでなく、何世紀経ってもそれらの内実は不動です。これは日本社会でよく見られる、千々に乱れて、揺れ動く姿とは全く対称的と言えます。

この受刑者は、こうした倫理道徳論を一読して、あまりに感激したので、ついに刑務所内でイスラーム入信を果たすまでになりました。入信の際には、二人以上のムスリムの立ち合いの証人が必要ですが、それは所在地のムスリムたちの協力で無事すますこととなったそうです。

こういう進展ですから、いくつか著者としても強い印象を持たせられたことがあります。第一に、三十年にわたり延々と書き綴ってきた多くの刊行物の筆を執るときには、当然これが読む人に幸いをもたらすように祈願しつつ、そうしてきたわけです。それでもこれほど鮮やかな展開には驚かされつつも、大きな喜びを感じたということです。それは何よりの報いになります。次には、改心のきっかけはやはり相当な精神的衝撃を経ることが多いという、それまでの鉄則通りだったということです。本書第一章で取り上げた「有事の祈り」に相当します。それにしても刑務所内で真剣に宗教書を読破して、その挙句に自分の信仰を見いだせた人は、それだけでも大いに恵まれているということなのでしょう。

ちなみにこのように信仰に導かれなくても、最後に直面するという究極の有事に出くわすと、腹が据わるというか、心が洗われる人も出てくるようです。別のある死刑囚ですが、最後の言葉として、「おふとんさん、ぞうきんさん、ありがとう」とだけ言ったという事例もあったようです[29]。

話を元の受刑者へ戻すと、さらにその人はあまりに品行方正となり、所内でも模範囚という扱いになるとのことでした。それは他の受刑者への教訓という意味もあるのでしょうか、仮釈放への道が早められる可能性が出てきて、そのための面談というのか、考査も受けつつあるとの話です。良い話は良い噂となり、出所後の就職先も早々と算段がたち、そこが身元引受人となられる動きは、出所を早めるかもしれないそうです。

こうして良いこと尽くめの展開には、ご本人も驚かされているとの由。以上のような委細は、全て冒頭の長文の手紙で知らされてきたのですが、著者も驚きとともに、是非直接会って激励の一言も言わねばならないという気持ちに駆られました。少なくとも、決まり文句のような言葉ではなく、信仰上の同胞としての共感のひと時を過ごすということです。

もちろんそうはいっても受刑者との面談申し込みは著者にとって、人生初の体験です。電話で刑務所に問い合わせると、係官の返事は許可されるかどうかは、当日来てみないと分からないという内容でした。しかし先方への当方からの書簡は手元に届いている様子なので、訪問日時の候補をあげて知らせ、それを受けて所内で本人より許可が下りるように働きかけてくれました。そうしたら確約まではいかないのですが、好意的な反応が得られたので、まず心配はないし、たとえ無駄足となってもそれはそれで結構という捨て身の覚悟で当日は参上しました。

所在地の日本人ムスリムも協力してくれて、結局は取り立てて厳しい調べにも合わずに無事面談することとなりました。もちろん刑務所内の面会室ですが、それはガラスで仕切られて、マイクを通して対談するというものです。新型コロナ感染症対策として、通常は音声が少しは通るようにとの配慮から空けられている彼我の両側の間の小穴も、ビニールで閉鎖されていました。一件は三〇分以内という制限もありました。でも初めから知らされていた制限時間だったので、それなりに共感は確かめられました。こちらがイスラームの話をする立場かと考えて行ったのですが、感余ったせいか、先方の熱気のこもった謝辞と真情吐露の発言が続いていました。

遠路持参したクルアーンの和訳や参考書、そして和菓子などはとても届けられませんでした。食物はそもそもご法度であり、書籍も別の手続きが必要ということでしたので、後日届けばいいと考えて、所在地のムスリムに託してくることとなりました。差し入れが厳しいこととくらい予想したのですが、そういった説明も事前には知らせてもらっていなかったのです。

面会を終了して、出所後の再会を待つこととなりました。今後とも健全な社会復帰が何よりも望まれます。ご子息は立派に成長しておられるというのが、大きな生きがいになるかとも思われました。著者も信仰はもとより、精神面からの支援を惜しむものではありません。

すでに一〇年ほど前になりますが、東京近辺の刑務所には、イスラームの教誨師の仕事があれば、喜んで奉仕させてもらうと書簡をもって申し込んだことが頭に浮かびました。その時には、特段の反応は得られませんでした。教誨師の機会は、所内からの希望があればということが前提条件ですので、要するにイスラームに対する要請がなかったということでしょう。しかしこれからは、その状況も変わることになるのでしょう。

そしてたまたま知ることとなった英語の論文によると、このような変化は世界的な動きのようです。[30] 受刑者に限らず求められる病人や軍人などの精神療法の仕事に当たる宗教者たちは、英語でチャプレン（臨床宗教師）と呼ばれているそうですが、欧米でもイスラームではまだ新分野のようです。それは伝統的なイスラームの説教師であるイマームと呼ばれる職務とは一線を画し、受刑者など癒しを必要とする人たち個々人に、近しく直接対処しようというものです。

常にそうですが、そういった機会は、自分自身の信仰が同時に試される機会ともなるものです。またそういう厳しさが、本当の癒しとして受け止められることともなると思われます。

(二) 月例勉強会での大きな疑問

「信仰と人生を語る会」という勉強会を、月一回の頻度で定期的に開催してほぼ一〇年になります。当初は子供中心にしていたのですが、それとは別に成人向けに本会合をスタートすることになりました。自然な発展ということで、これこそ信心の赴くままに進展してきました。

この勉強会は日本ムスリム協会の活動の一環ですが、イスラーム大学というものが日本にはまだ存在しないので、イスラーム信仰の授業がまだありません。大きく言えばこの欠陥を埋めることが、本会合の役割ということにもなります。開始した時には、どれほどの支持が集まるのか、全く暗中模索でした。しかし案ずるよりも生むがやすしとばかり、常に一〇数名の熱心な方々に囲まれて時間を過ごしました。新型コロナ・ウイルス感染症が広まってからはネットの画面会合になりましたが、逆にそのために北海道や九州、あるいは海外の参加者も得られることとなりました。何が幸運か分からないということで、「人間塞翁が馬」ということになります。

またこの勉強会はムスリムとは限らずに、キリスト教や仏教、そして神道関係の方々も入っておられたので、講話をする方としても熱が入り、進むほどに新しいテーマが出てきました。相当宗教信仰の道には習熟してブレは少なく、抑え所はしっかりしているという人がほとんどでしたから、良い仲間ができたという感じです。幸いな経験で、これ自体が一種の恩寵とも感じていました。

ところでそのような人たちから、何時も耳にした、訴えのような大きな疑問が一つありました。それは次のようなものでした。イスラームは仏教と比較しても、はるかに単純明快な教えのはずである。事実、創造主アッラーの絶対的な天地の支配を認めて、その教えを守るというだけなので、実に単純である。ところが実感としては、どうもイスラームは分かったようで分かりにくい、もどかしくて隔靴掻痒《かっかそうよう》の感があり、結局のところ難しい。このような真逆の事態に、どうしてなってしまうのかというのです。

この質問のように、頭ではわかっているつもりでもどうも実感を伴ってこないといった種類のものには、意外と回答は教科書には出ていません。またこの疑問は本勉強会以外のところでも聞かれました。そこで本節ではそれを克服するための謎解きを試みます。結論から述べるとすれば、イスラームに対して敬意の気持ちを持って、それを目指していないから難しくなるということです。つまり学習に着手する以前の姿勢に、問題が潜んでいるケースが多いということです。

ア．大きなイスラーム

イスラーム諸国の現地の人にとってイスラームは生まれついてからの自然な教えの体系なので、特に難しくないのは当然ということかも知れません。しかし日本人にとっての仏教や神道を考えてみると、生来のものであってもよほど幼い頃より教えられなければ、簡単ではないはずです。しかしそれでも日本人は、仏教や神道が難しいとはあまり言わないでしょう。

この現象が生じて来るのは、著者が見るところ、日本人はイスラームを理解できるものと初めから決めつけているからだと思います。逆に仏教や神道は、奥深くてそう簡単には分かるものではないと思っているので、わざわざ難しいと嘆くこともないのでしょう。これを言い換えれば、イスラームは現地から離れている日本でも、いくつかの本を読んだり、話を聞いたりすれば、分かるものだと見なしているということです。

よく日本で聞かれる表現に、「イスラームでは」とか「イスラームにおける」など言うものがあります。これはイスラームを一つかみに出来るという前提ですが、それはいわば長い歴史と膨大な蓄積を内包するイスラームからすれば、横柄なものの言い方になります。他方、逆に日本人が、「仏教では」という短絡的な言葉で言いくるめることはあまり想像されません。それは自然と仏教と神道の奥深さというものが了解されているので、そのような言いくるめたもの言いを自然と避けることになっているのです。

この遠因は、近代日本が辿ってきた、欧米に追い付け、追い越せという近代化の潮流の中で、それ以外の社会や文明を一段と遅れたものとして低く見る姿勢があるからではないでしょうか。この傾向は誰が悪いということもなく、現代の日本社会にも主軸の一つとして継承されているのです。

「イスラームでは」として一言にくくっても、相手は巨人なのでとても全体像は把握できません。一まとめにはとてもできない対象を一言で言いくるめていることにそもそも無理があり、それゆえに本来「単純な」ものを「難しく」しているということになります。

イ．教養としてのイスラーム

次にイスラームを理解困難にしている原因は、それを知識の一端として学習しようとしているからだと思われます。教養主義であれば、その人が涵養してきた観念や価値体系が既存の枠組みとして維持されて、それに挑戦するような勢いは生まれてこないという限界があります。

この種の限界は何もイスラームに限ったわけではないでしょう。事実日本が民主主義とは何か、法治主義とは何かといった欧米文化を輸入する過程では、いやというほど試練を受けて来た問題でもありました。しかしそれらの問題では、生きるか死ぬかの現実が肉薄してくるので、逃げようがありません。それらは教養主義ではなく、実践を伴う生存上の問題であったのです。

そこがイスラームを学習するのとは、基本から違っています。

紀元六世紀以来日本が仏教を招来した時は、やはり生存をかけての課題でした。それで国家の安泰を願い、社会の平安を実現しようという意気込みでした。自らの枠組みを破棄し、脱皮するほどの勢いをもってイスラームを学ぼうとするのでなければその門戸は容易には開かれないということでもあります。禅寺への入門も同様でしょう。観光で訪れるのとはわけが違います。寒さ、暑さも厭わず、修行の道を全うする者にだけ許される厳しい門戸なのです。

イスラームも同様であり、同様な覚悟と求道の精神が求められます。それらが十分でないままに、イスラームを勉強しても、「単純な」ものを複雑に「難しく」する結果となります。そしてそれは他の誰でもない、自分の取り組む姿勢に問題があるということになります。既存の異質な枠組みにイスラームの諸価値や慣行を誤って置いてしまうからです。

ウ．信仰固有の世界観

イスラームを目指してアプローチすれば、その「単純さ」も手伝って肩の力も抜けるので、様々な障害も氷解し始めるのではないでしょうか。ところがイスラームを一層「目指す」ためには、さらに追加しなければならない課題もあります。それは信仰世界という固有のあり方を理解し把握するという抽象的な課題です。いずれも空を掴むようなものですが、以下ではそれを三つの側面から示したいと思います。

＊万物の存在感覚

日本では人生を、そして物事を、生々流転や流れる川の水の如しという言葉で言い換えることに慣れて、そういった縁起の法則の下で見るのが一般的です。一切何もないが、あるのは諸物の縁起だけであり、何か物があるというのはそれを引き起こした原因が他にあるからだとする見方です。主として仏教で説かれるものではあっても、それは広く国民文化として受け入れられて久しいものがあります。仕方ない、という諦めの良さも日本の土壌になっていると言えるでしょう。

イスラームはこういった初めも終わりもないという縁起的な世界観とは、真逆の立場にあります。創造主の「有れ」という一言ですべては始まったと理解するのです。これも頭の体操のようにそう考えるというだけの話ではなく、全身全霊をあげて存在の有無を問いかける発想になじめるかどうかが、問われているのです。アラブの友人に手を掴まれて、これは一体だれが創られたのかね、と問いかけられると、ハッと気が付くでしょう。自分は本当には宇宙の、そして人間の創造という問題に心底からは直面していないということに。

以上要するに、日本的な生々流転の人生観と世界観は、イスラームのそれとは異質だということです。この縁起の枠組みを脱皮して、新たにイスラームの創造と破壊の存在感覚を全幅で自らのものとするには、やはり尋常な教養主義では難しいと言わねばなりません。

＊絶対主の覚知と誓約

天地を唯一の絶対主が支配されているという事実を認め（覚知）、その命令と教えに従う（誓約）ということがイスラーム信仰の根幹です。この点への帰依、すなわち全身全霊をあげて承服することが、イスラーム全体の原点となります。いわば絶対主の大権を認めることが大前提なのですが、これこそ頭では分かったつもりでも、心底そのように徹底できるかどうかは、大いに疑問です。

日本ではどうしても石にも山にも、そして台所にも神々を認めたがる心の傾向があります。さらには、神仏習合で仏も神も互いに守護し合う関係に、違和感はありません。明治時代のキリスト教徒で著名な内村鑑三は、通学途中で神社の前は走り抜けたそうです。そんな日本人を見かけることは、稀でしょう。

具体例をあげましょう。イン・シャー・アッラー（アッラーが望まれるならば）の言葉は、得てして回答をごまかすための表現と見られがちです。確かに日常のアラビア語用法として半分はその通りですが、しかしもう半分は、すべてはアッラーのお考え次第であると真剣に思っての表現なのです。それは実に白黒に運命を二分するものとして、鋭い感覚で受け止められるのです。

言い換えるとこの一言は、将来の決定権は人間にはないことを確認していることになります。それがこの一句のポイントなのです。現在もイスラームの生活において、この言葉は常に耳目にするものです。それほどにアッラーへの帰依が常に意識され、その加護の下に我々は生息している事実を、片時も忘れてはいないということです。

そして重要なことですが、そのような究極の認識を得るのは、徐々に進める牛歩ではなく、一瞬時に頂点に達する閃光のような直観に依拠するということです。これが宗教、そしてさらに言えば、すべての芸術もこの種の認識力に依拠しているということです。美術や音楽を味わう能力は学習で一頁ずつ進むのではなく、幼児であっても瞬時に達成するものであることは誰しも知っています。信仰もその極地や頂点に達するのには、この最後のダメ押しであるる直観力が不可欠です。それは何人にも与えられている、天賦の才覚です。それを仏教では仏性と言い、イスラームでは天性（フィトラ）と呼んでいます。

＊反復は生活のリズム

信仰世界固有の次の側面は、繰り返し論法に関するものです。イスラームが基礎とし、その背景に持っている社会、言い換えればその文明的な成り立ちが現代日本とは非常に違っているということは言うまでもありません。今の日本は明治以来の近代化路線第一主義の延長上にあります。それと際だって対照的なのが、イスラームの世界と言えるでしょう。それは詰めて言うならば、繰り返しを尊ぶ文化といえます。

クルアーンが分かりにくくて読みづらいとされてきた一つの大きな理由は、その全体の流れが判読しにくいという事情があります。確かに著者自身、クルアーンが引用されているものを見ると、いつも非常に短い句や節が前後の脈絡からは切り離されてぷっつりと記されているのに、少なからず違和感を覚えさせられてきました。他方アラブ民族の思考様式として、一つ一つ、そして一瞬一瞬に移り変わる姿がすべてであり、全体の流れや内在する連関性に注意を払うことがないという特性があるとされます。そしてそれは砂漠生活の特徴として、刻々と速やかに変化する大自然の中で培われた生活感覚に支えられたものともされてきました。

このような非連続的な存在感は、ばらばらであることをもって自然と受け止めるので、原子論的存在論とも称されます。例えば、千夜一夜物語のように、一夜毎の小話の連続に終始して、全体を覆うストーリーや哲学には無頓着であるということです。そしてこの原子論的存在感覚は、クルアーンにも妥当しており、したがってそれは片言隻語のような短い表現のばらばらの集積であるということになります。ところが一方では、あれほど信者の心を捉えて離さないクルアーンは、本当に小さな切片の積み重ねに過ぎず、全体の構成は無視されているのであろうかという疑問は、半世紀に渉って著者の心の中に去来してきました。

そんな中、一つの重要な節がクルアーン自身の中に埋め込まれていることに、和訳作業をしていて改めて気が付きました。

アッラーは最も美しい教えを、互いに似た（一貫した比喩を）繰り返す啓典で啓示しました。（三九章二三節）

繰り返すということは、どういうことなのでしょうか。そのような話法や論法は現代の日本、あるいは現代文明の中では非能率の象徴のようなものであり、むしろ積極的に拒否され、一段低い思考様式、あるいは低いレベルの頭脳の働きと見なすのが普通でしょう。能率優先であり、その中には進化であり進歩が実現されているというスタイルが、現代で普通に歓迎されるか、もしくは当然視されます。しかしよく考えてみると、この繰り返し論法はそれを好むかどうかは別問題として、一つの立派な流れを構成しているのであり、確固たる構造の基礎をなしていると見なすべきなのではないか、とも気付いたのでした。

話の鮮やかな展開ではなく、繰り返される中から出てくる微妙な変化や、グラデーションを楽しむ文化ということです。そのことは、アラブ音楽のメロディーの特徴としても想起されるので、納得する読者は少なくないでしょう。こういった状況は、明らかに正反合という三段論法の進化論的近代欧米社会ではありません。和訳作業を通じて、繰り返し論法がクルアーンを通底していることに改めて気付かされ、またさらにそれは欧米近代社会の成り立ちとは異質なものであることにも気付かされたのでした。

そしてこの一見退屈な繰り返し調が啓典を読みづらくしており、さらには現代日本人にとってイスラームを理解しづらくしていると言えるのではないでしょう。なお、最後に付言しておきたいことは、信仰というこころの営みは決して一つの最終駅に向かっているものではないということです。日々が通過地点であり、その意味で毎日が最終駅でもあります。こんな矛盾しているような言い方は洒落ているわけではないので、それこそは繰り返し論法のもたらす結論であることはもうお判りでしょう。

＊　＊　＊

さて以上がはじめに述べた、謎解きでした。日本人であれば、好むと好まざるにかかわらず、同じ大きな日本丸という船に乗っているようなものです。文明的な誰をも包み込む大きな潮流には、気づかないことも多いでしょう。それは知らずに吸っている空気のようなもので、誰にも書かれず、論じられることが少ない原因です。本節がそういう事態への目覚め薬となれば幸いです。

（三）信仰書出版の話とその落ち

前節で取り上げた月例の勉強会において、著者の出版してきた刊行物を話題にしたことがありました。四〇冊ほど出してきたので、それなりに歴史が辿れます。ただし内容的には大きく言って、二つの分野にまたがることとなりました。それは自然な展開であり、当初よりそのような企画をしたわけではありません。そしてその小史の説明後に、実は本日このような話をしたのには、訳《わけ》があるのですと言いつつ、いわば種明かしをしました。それが話し全体の「落ち」ですが、本節でもこのような手順を追って書き進めたいと思います。読者方々には興味の続く限りおつきあいしていただき、最後の「落ち」を期待していただきたいと思います。

二つの分野というのは、エジプトのイスラーム思想家であり歴史家であったアフマド・アミーンの研究と、もう一つの分野はイスラームの信仰を中心としたものです。

ア．アフマド・アミーン（一八八六―一九五四年）の思想研究

アフマド・アミーンはイスラームを欧米の実証史学の手法で取り上げた、ムスリム世界初の歴史家として評価されています。イスラームはいわば唯我独尊で他の影響は受けずに誕生したとする考えが圧倒的であったのを改めて、当時のさまざまな宗教や文化にもまれる中から生まれたという見解を提示しました。『イスラームの暁』[31]という本でその見解はいち早く周知のところとなりました。もちろんそれは、突然な現象ではなく、多くの欧米の同類の見解も知られつつあった中でのことだったので、広範な反響が直ちに生じたとも言わなければなりません。

著者（水谷）が同人に大きな関心を寄せた最大の理由は、教科書的な姿ではなく、ムスリムの実態を知りたいと考えたことに尽きます。そこでまず取り組んだのは、彼の自叙伝の邦訳完成とその出版でした。[32]それを巡る小論文も二本ほど書き上げて、日本中東学会の年次報告にも寄稿しました。[33]つまり教科書にあるようなムスリムの諸儀礼や教訓を学ぶのではなく、実際生活の中で、どのようにイスラームが息づいているかということを正確に知り、それを日本語で伝えたいという願望でした。カイロでの生活も過ごす中で、一石二鳥とばかり、のめり込む毎日でした。こうしてこの自叙伝は、彼の人間的な野心の蠢きと清純な信仰生活のはざまをさまよう姿を、赤裸々に浮き彫りにしてくれました。

次いでは同人の思想面に深く切り込む作業をすることとなりました。そのためには、彼の約七〇〇篇に及ぶ論文集『溢れる随想』[34]と取り組むこととなりました。その論文集は宗教、文学、歴史、さらに人生論や広くは文明論に及ぶという、広範囲なものです。こういった碩学であり大学者の部類は、アラブ世界には中世も含めて、時々輩出するものです。さらにはこういった諸論文を批判し、コメントした同時代の他の論者の論考は約三〇〇本出版されてきましたので、合わせて約一〇〇〇本の論文を読破する羽目になったのです[35]。このような課題と目標は、当初のそれと結局は同じで、日々変化する社会にあって、この思想家や周囲の同僚たちは何を考え、どう反応していたのかという独自の世界を総合的に把握し、描写してみようということです。互いに反響する中に、固有の世界観が成り立ち表示されているものと想定したのです。

この観点から一連の作品を世に問うこととなりました。初めに目を向けてくれたのは、他でもない、エジプト文化省自身でした。当時の在日エジプト大使が熱心に本国に働き替えてくれたことが背景になったのです。エジプト文化省では丸三年かけて、英語の原稿一字一句を調べ上げ校正し、正鵠で公正な研究書として文化省お墨付きで発刊されるに至ったのです[35]。さらに出版の翌年には、カイロ河畔にあるエジプト文化最高評議会の会場で、著者の講演をするようにとの格別の招待まで頂戴しました。大変な名誉であったので、その返礼のつもりでこちらもアラビア語の記念講演を準備しました。

次いで出したのは、アフマド・アミーン父子の思想的な系譜を辿るという内容の研究です。つまり親父さんの方だけでは満足できずに、その息子でイスラームの原理主義と闘っていたフサイン・アミーンとの思想的な関係を論及したものです。両名はイスラームの信仰の真髄は変わらないが、新時代に新たな対応が迫られているイスラームは、どこをどう改革すべきか、という大問題に正面から取り組みます。しかしその結果としては、率直に言ってあまり明快な回答は示されずに終わったと言えるでしょう。ちなみにそれは、イスラームの原理主義の潮流にも対抗しうる、力の源泉となるはずです。またこの問題は現代イスラーム全体の悩みであり、誰が突破口を切り開いてくれるのかは、世界が注目しているところです。

この父子の思想関係の研究は、日本語、英語、アラビア語で出版されました。それぞれ所要の編集がなされているので、少しずつ異なるようですが、それらはつまるところほぼ同一の内容になっています[36]。

イ．イスラーム信仰を中心とする出版物

以上とは平行しつつも、別のテーマが次の一連の出版物でした。それはイスラームの信仰の内実を探ろうとするものです。ですから、本当は前章のアフマド・アミーンの思想研究と

手を取り合っていることになります。

この分野での大きな塊となったのは、イスラーム信仰の諸側面を多数の執筆者の寄稿により構成した全一〇巻に渉る叢書の刊行です[37]。執筆者は全員で二〇名に上りましたが、全体の中で著者水谷の単著となっているのは、五巻に上ります。全一〇巻の構成としては、巡礼、天国、預言者伝承、マスジド論、日本人ムスリム、女性問題、イスラーム以前の諸宗教、イスラームの現代的課題などに及んでいます。しかしどの巻もイスラーム信仰という一点に焦点を合わせたものであり、そのような叢書が全員ムスリムの研究者により出版されるのは、文字通り本邦初の快挙でした。その点を最も喜んでくれたのは、今は故人となられた元日本ムスリム協会会長の樋口美作氏でした。彼が出版社への仲介者となり、叢書全体の編集上も様々な協力をしてくれた人です。

ところが総編集者ではあっても、またその叢書は壮大な門構えではあっても、まだまだ内容的には著者水谷にとっては不満足なものでした。詳細な用語の意味論的な研究や、大きな部門である倫理道徳などが手つかずのままだったからでした。そこでそういった大きな欠落部分を埋めるのが、自然と次の関心事になっていきました。

アッラーの観念をできる限り鮮明にしたいこと[38]、イスラーム信仰の基礎的な概念を確かめること[39]、イスラームの倫理道徳を説明すること[40]、イスラームの生きがいや愛情など日常の精神生活を提示すること、[41] そしてそれらすべてを総攬した概論[42]を出版することなどが、連綿と続きました。

これらの信仰論の論及は、その後も途絶えることはありませんでした。姿を変えつつ登場し続けるのは、神出鬼没ともいえる状況であると自分でも思わざるを得ません。その中でも特記すべきは、まずはクルアーンの邦語訳です。今までの幾多のクルアーンの邦語訳は押しなべて、難しい用語とアラビア語の原文を反映しての複雑な構文で読者を悩ますことは、見過ごすことはできないほどでした。クルアーンを読んでも理解できないということは、自分はムスリムになれないということではないか、と言って泣き出す人を前にしたこともあります。幸いに元気な比較的若い相棒の協力と後押しによって、その訳を「やさしい和訳」として、読めるクルアーンの誕生に結実しました。[43]

右の邦語訳出版に際しては、東京大学東洋文化研究所において、大きなシンポジウムの開催となりました。関係の講師を招聘して、会場満員の盛況でした。それは二月初旬で、雪の降る中での開催となったのですが、遠路多数の参加者を得ることができたのは、関心がただ事ではないと思わせるものでした。[44]

以上の他にも、イスラーム信仰を教科書めいた叙述ではなく、親しく語り掛けるような随筆で示せないかと、長く探訪してきました。不思議にイスラームでは随筆はあまり活用されない慣行であることが判明しました。それよりはるかに古典に根差した、法学や神学といった固い書き物が主流を占めます。そんな中、ようやく辿り着いた作品がありました。一つは中世のもので、『随想の渉猟』と名付けられています。もう一つは『横溢する随想』というタイトルです。後者はすでに前出の、アフマド・アミーンの全一〇巻という膨大な論考集です。それら二つのタイトルを見ると、双子のようになっているのは偶然ではなく、後者は明らかに数世紀以前の名を馳せた作品の姉妹編になることを狙ってのことと想像されます。

いずれにしてもこれら二著の主要な論考を選択して、日本語で刊行する運びとなったのは幸運でした。その際、少々遊び心を効かせて、それぞれを『黄金期イスラームの徒然草[45]』及び『現代イスラームの徒然草[46]』と題して出版することになりました。つまりタイトルを直訳ではなく、双子の精神と両者共随筆集であることを示すための工夫ということです。

最後には、二〇二一年になって、一気に三冊の出版が実現したことがあります。新型コロナ・ウイルス感染症のために、出版作業が遅れがちとなり、それらの出版が結果としてほぼ同時になったという事情もあります。それよりも、コロナ・ウイルスにもかかわらず、著者のイスラーム信仰を巡る熱気が続いている点を明記しておきたいと思います。それらは、『イスラーム用語の新研究[47]』、『絶対主の覚知と誓約[48]』、『祈りは人の半分[49]』の三冊です。こうしてそれらの継続として、現在は本書『信仰の滴』を執筆中という次第です。

ウ．話の落ち

さてここまで書き綴ってきました。そして読者方々には、読み続けていただきました。前節で記した「信仰と人生を語る会」でも、本節と同様な話をしたわけです。そしていよいよ最後の落ちの段階となりました。同会合で最後に述べたのは次のような内容でした。

長々とした著者の出版物や研究、そして関心事の話に耳にタコができたかもしれません。またそれを聞いていて、何としつこくて、自己顕示欲が強くて、売名行為かとさえ思われても不思議ではなかったかもしれないと感じました。つまり著者としては、そのような目で見られることを覚悟の上でこの長い話を敢えてしたということになります。さらに言えば、自宅の横浜から勉強会の会場である五反田までの遠路を電車に揺られたりしながら、これだけの冊数の本を肩にして歩く羽目になったのです。他方その前日には少々ギックリ腰となり、また痛めるかも知れないという恐れとも戦って、尽力（ジハード）に努めていました。そういった諸事情にもかかわらず、敢えて長話をしたのは、聞いている人たちの心を試すためだったのです。

自己顕示欲だ、売名行為だ、出世欲だといった調子の批判が起こりがちなのは、世の常ですが、それらの範疇の非難が少しでも心に浮かんだ人は、そういった心を自らが持っているからです。そのことに気付いてほしいと訴えたのです。そうではなく信仰という一点に集中できている人であれば、世俗的な観点や批判の言葉は浮かんでこないはずなのです。真実求道にある人には、そのような雑念は浮かばずに、著者としては本当の信仰を希求してきたのだという姿を理解し、共感し、共鳴してくれるはずだと強調しました。そしてここまで読んでこられた読者にも、全く同様の訴えをしたいと思います。

どのように見るのも自由ですが、その見方がその人自身の心を写す鏡となっている点は確かなこととして忘れられません。自分の心中を知るのは、まさしく自分自身です。そしてあの方も知っておられます。他人を、そしてさらに自分を欺いても、あの方を欺くことはあり得ないことは、いわば自明の原理だと承知することも信仰の大切な一部です。これがこの話の落ちということでした。

(四) 宗教信仰復興の法人設立

ア. 設立の発起

二〇二〇年の夏、世界が新型コロナ・ウイルス感染症で動揺する中、著者は日本宗教信仰復興会議という一般社団法人を立ち上げました。非常に幸いなことですが、近親に寄付をしてくれる人が現れたのでした。しかし数千万という巨額をどのように使うのが一番効果的かは、一人で決めることはできませんでした。何人かと相談しましたが、結局は宗教学会の泰斗とされる東京大学の島薗進名誉教授と二人で新しい法人を設立しようと決めることができました。やはり大学を退官されて、その後の活動の場の一環として新たなところを構想されていたことがありました。直後よりさらに鎌田東二京都大学名誉教授や弓山達也東京工業大学教授、さらには加藤眞三慶応義塾大学名誉教授らの理事就任となったのでした。

その全般的な活動の模様に関しては、ホーム・ページがあるのでそれを検索していただくのが一番早いでしょう。それから当然それは、いつも更新され続けています。URLは、http://www.hukkoukaigi.or.jpですが、法人名からも検索可能です。戦後日本の低調な信仰心を今一度奮い立たせることができれば、という願いが底流にあります。それはイスラームだけではなく宗教一般という建前で、事実、理事は仏教、神道、あるいは宗教学や医学の研究者から構成されています。

このような目的のために寄付が実現することは、現代日本ではあまり多くない事象です。しかしそれを強く望んでいる人は少なくないという事情が、今回の迅速な設立を可能にしてくれた背景にあると見られます。この一見矛盾しているような関係自体、現代社会の抱える問題を象徴しているかと思われてくる点は、特記しておきたいと思います。

イ. 叢書の刊行

設立当時はコロナ禍のため外出も自粛すべき緊急時代宣言下でしたので、まずは室内でできる作業が優先することになりました。その最大のプロジェクトは、『宗教信仰復興叢書』という全七巻の叢書(島薗進編集)の出版です。法人としての金字塔のようになるものと期待されます。その構成は、企画としては次のようになります。

第一巻　島薗進編『宗教信仰復興と現代社会』(本叢書の提起する諸課題を巡る基本的な八本の論考集と当法人理事の座談会記録など)

第二巻　弓山達也著『生きる力とスピリチュアリティ』(危機と宗教性を巡り、被災者や障害児のママさんたちの地域活動、大学生の被災地でのボランティア活動など、「生きる力」、「生きる意味」、「いのち」とは何か問う)

第三巻　鎌田東二著『霊的暴力と希望――ニヒリズムの彼方へ』(宗教的暴力の根幹にある体験や修行の負の局面を考察し、それがナショナリズムや国家的暴力と結びつくとどういうことが起るのか? それに向き合う個の文学的想像力と未来への希望を具体的な作家と作品分析を通して考えていく)

第四巻　島薗進著『近代日本の仏教と救済信仰』(二〇世紀の日本で法華=日蓮系の在家仏教運

動が、大きく勢力を伸ばした理由について考える。霊友会系の諸教団と創価学会が典型的だが、現世救済思想という点にその特徴があるが、その仏教の救済思想上の革新について考察する）

第五巻　水谷周著『絶対主の覚知と誓約―イスラームのこころと日本』（日本の宗教信仰復興に、イスラームは貢献できるのか。第一部で生きがいや死生観を論じる。第二部では「イスラームのこころ」の中核として、絶対主の覚知と誓約を平易に解説する。それは安寧の心境である）

第六巻　寺戸淳子著『現代カトリックの新たなスピリチュアリティ』（知的な障害がある人とボランティアの若者が共に生活する〈ラルシュ〉共同体に、現代社会から排除されている「「被る」経験（生命、暴力、「友愛」を）」に「共に向きあう場」としての意義があることを論じる）

第七巻　鎌田東二編『現代日本の宗教信仰とスピリチュアリティ』（既存の宗教に満たされない魂の行きどころは？　多様な展開を見せるスピリチュアリティ関連の活動の動向とそのなり行きなど）

まだ多くは仮題というものも含まれているので、今後の実際の刊行の進展を見て行く必要はあります。第五巻だけは早くに準備されていたので、二〇二一年七月には出版の運びとなりました。また加藤眞三理事が後から就任したことで、別巻を準備することにもなりました。「医療と信仰」といった関係の執筆となりますが、いのちの現場に日々立ち会う宿命の医師という立場からの鋭い考察が期待されます。

こうして本題である、現代社会と宗教信仰復興というテーマに関しての総合的な論述が予定されることとなったわけです。このような試み自体、時代の潮流にいわば竿を刺すようなものです。多くの読者を惹きつけて、社会の覚醒に貢献することができれば本望です。ただし付言して、告白しておかなければならないのは、本当のところそれほど話は簡単ではなく、その課題達成についてあまり甘い期待を持っているものでないということです。ただ、ここでは脈絡上、せめてもの志に触れたということになります。

ウ．シンポジウムの開催

日本文化の構成要素の重要な一つとしての「悲」に着目しつつ、生から死に移り行く「いのち」に思いを寄せる様々な企画である「悲とアニマ2―いのちの帰趨」が実施されました。当法人は助成金を出して、協賛者となりました。京都は堀川を挟んで、彼岸と此岸を想定した二つの会場で展開されました。

その一環である本件シンポジウム「宗教信仰復興と現代社会」が当法人の主催行事としては初めてのものとなったのは、コロナのため外での活動が設立以来、外出自粛などで取り締まられていたからです。それだけエネルギーが蓄積されていたようなもので、シンポジウムにおいては五名の全理事と会場となった建仁寺内両足院の伊藤東凌副住職（コメンテイター）

両足院
現代京都藝苑2021
悲とアニマII
～いのちの帰趨～
2021年11月19日(金)～11月28日(日)
第1会場：両足院
時間：10:00～16:00（※但し11月19日は12:00～16:00）受付終了は30分前
予約不要　入場有料（両足院拝観料）
一般1,000円　中高生500円　小学生以下無料　障がい者手帳持参500円（車いすの方）
監修：鎌田東二　企画協力：山本豊津　企画：秋丸知貴
第2会場：The Terminal KYOTO
時間：09:00～18:00（※但し11月28日は09:00～17:00）受付終了は30分前
予約不要　入場無料
監修：山本豊津　企画：秋丸知貴
出品作家：
池坊由紀　入江早耶　大西宏志　大舩真言　岡田修二　勝又公仁彦
鎌田東二　小清水漸　近藤高弘　関根伸夫　成田克彦　松井紫朗　吉田克朗
主催：現代京都藝苑実行委員会
後援：両足院・The Terminal KYOTO・上智大学グリーフケア研究所
協賛：株式会社サンレー・一般社団法人日本宗教信仰復興会議・京都伝統文化の森推進協議会
協力：村井修 写真アーカイヴス（村井久美）・京都大学こころの未来研究センター・豊和堂株式会社
小清水漸《雪のひま》
関根伸夫《位相―大地》
写真：© 村井修
The Terminal KYOTO

写真８　企画パンフ

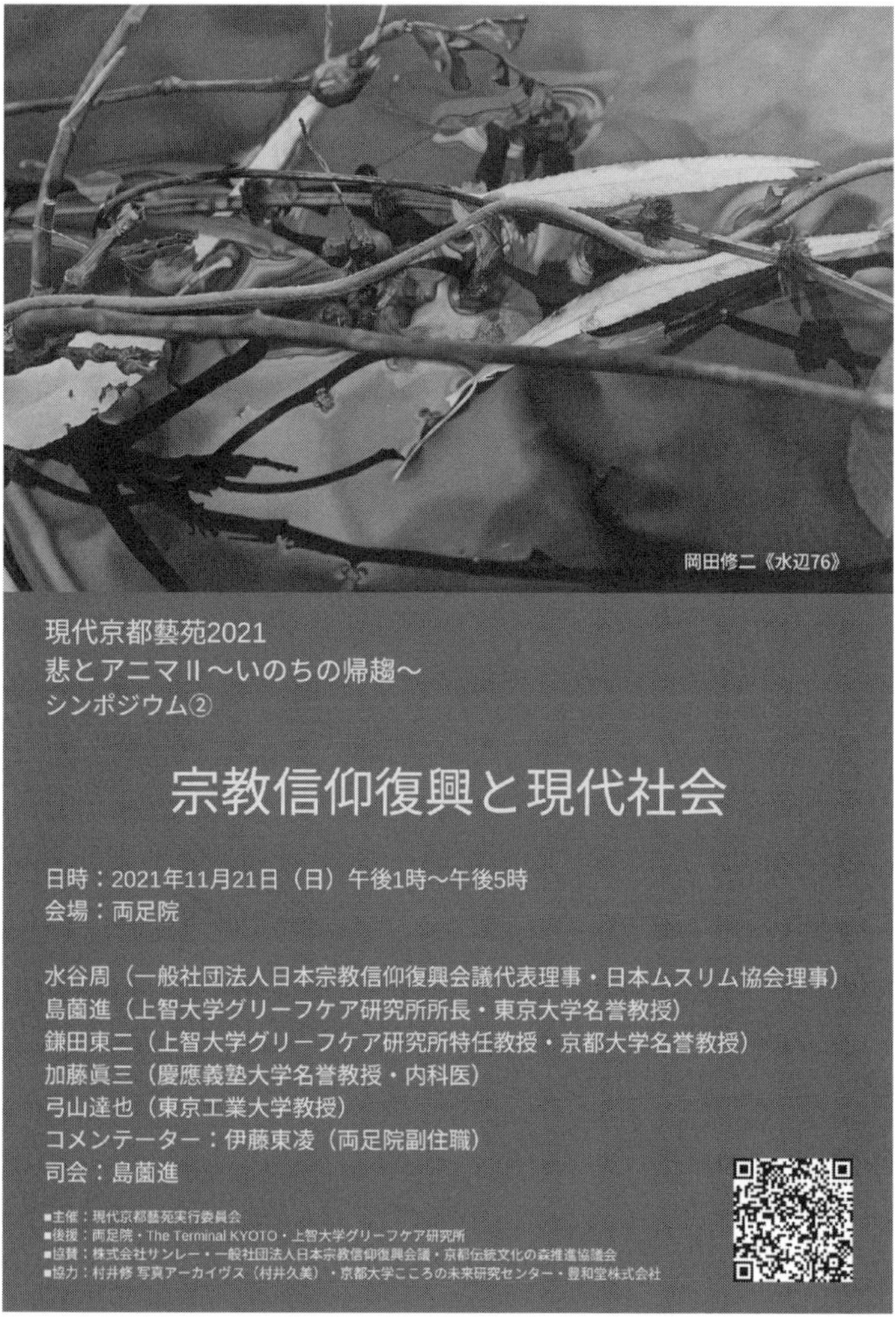

写真９　シンポジウムのチラシ

の間で熱気のこもった議論が交わされました。以下はその全般の模様、次いで議論の概要、そして筆者の感想をまとめたものです。

＊シンポジウムの模様

両足院の本堂を会場としてお借りできたのですが、これ以上の場所はありません。嫌でもシンポジウムのテーマに集中させられます。多数の参加者もその模様で、すっかり雰囲気にはまっていた様子でした。幸い暖冬のお陰で、春うららという風情でもありました。持参した「祈りのこけし」は会場の最前列の中央に安置されて、その背景説明と共に、見る人に祈りの気持ちを引き出すという効用を発揮していました。

写真10　本堂のこけし

この「祈りのこけし」は白木のこけしですが、由来としては、水俣病の被害に遭い苦しみながら失われた、人間、魚、鳥らのすべての思いが宿っていると思われる、水俣湾埋め立て地にある「実生の森」の木の枝で彫ったものです。白木のままで目や鼻や口を描いていないのは、意図的に未完成のままという意味です。受け取られた人々の思いの中で完成させることが期待されているからです。

熊本県水俣市の緒方正実さんはすでにこれを約四〇〇〇体製作して、天皇皇后両陛下（当時）、国際連合総会議長や歴代の環境大臣らに寄贈されて、大いに社会的な貢献の実をあげられつつあるものです（本書第一章第二節「祈りのこけし物語」に前述）。

写真11　全理事

＊議論の概要

信仰復興を目指してよく見られた現象は、浄化ということでした。それは逸脱したものを排除しようとするのです。しかし他方ではあらゆる流れを総合して包括することで、復興を成し遂げた例（二〇世紀カトリックの第二バチカン公会議など）も見られます。こういう諸例を勘案しないと全体の議論は成立しない点は、要注意です。

「いのち」の帰趨を思わせる事態

は様々にあります。大きな災害など悲惨な出来事はもちろん、重病もそれに当たります。人は窮地に立つと祈ることが多いのですが、非常時におけるそれだけではなく、平時における祈りも重要。それは人としての自然なこころの営みなので、祈ることで人としてのバランスを復興させることにもなるからです。

戦後の日本では無宗教とさえ言われるほどになりました。しかしいわゆる新宗教の興隆もありました。その後その勢いは今一つと見られる一方で、既存の宗教に満たされないスピリチュアルな活動も勢いづいてきました。こういった魂の躍動はこれからどのように展開されるのか、それはどのような導きを求めることになるのか、多くの思索と検討が求められているのが現状ではないでしょうか。

教育の重要性は言うまでもないところ。特に戦後の日本社会では宗教に関する教育は、政教分離の掛け声の下で、疎んぜられてきました。宗教の固有な歴史的役割については、教育課程にもっと組み込まれる必要が認められました。

なお本シンポジウムの記録は、『宗教信仰復興叢書』第一巻の後半部分に収録されますが、同書は二〇二二年夏以降の出版となるでしょう。

＊感想

彼岸と此岸を橋渡しする格好で企画されたこと自体、宗教信仰の真髄を突くものです。というのは、現世の事象を来世の脈絡でとらえることは、信仰そのものだからです。分かりやすく言い直すと、殺生して悪いという気持ちが起こるのは、そこに何かが宿りその何かとはすなわち、永遠の仏や絶対主に繋がっていると発想するためです。この発想が宗教信仰です。それにしても、生きとし生けるものの帰趨は死です。それは嫌とかどうとかいうことではなく、厳然たる事実であることは誰しも知っています。江戸時代の知恵者で温厚な僧侶として知られた一休さんは、道を歩くとき杖に骸骨をぶら下げていたそうです。白骨こそは、人に自省の機会と右の事実が逃げることができない形で迫っていることを知らせる、最善の道具ということでしょう。宗教信仰とはこの事実を正面から認めて、それに即した心構えと生活態度を堅持することを求めるものです。

なお本シンポジウムのような機会は、今後とも機会を見つけては各地で実施できれば良いのに、という気持ちも持たせられました。それほどに参加者の気持ちが一致し、信仰復興を叫ぶ声をさらに現代の日本社会に大きくして行く必要性が感じられたのです。日本はこれからも、各種災害など悲惨な局面に出くわすことでしょう。しかしそれを待たずとも、人の「こころ」のバランスを堅持させてくれる信仰の貴重な役割と効能、功徳に関しての、理解と実践が求められる時代です。今がそれを呼び掛ける好機であるともいえるのではないでしょうか。[50]

（五）マスジド（礼拝所）とお寺

ア．マスジドの古寺巡礼

古寺巡礼という言葉は、われわれの耳に随分なじんでいます。著者はイスラームを信奉するものですが、生家が京都の古い寺院であったのでイスラームのマスジド（礼拝所）には自然と格別の関心が湧きます。例えばイスラーム諸国では多くのマスジドを訪れました。日本国内も同様です。またマスジドにもいわゆる寺社縁起があるので、それにはいつも注意を払うようになりました。

＊世界のマスジドを展望するとき、すべての事始めは西暦六二二年、多神教徒に追われてマッカから避難した直後にマディーナで建てられた預言者ムハンマドの住まいであったことは、実に驚嘆に値します。ナツメヤシの木を使った質素な家の隣にあった空き地が、世界初の礼拝所となったのでした。そこは灼熱の太陽の下で、青天井でした。それでも、空き箱程度の説教台、石や立てかけた槍などの礼拝方向（キブラ）を示す目印など、基本要素は揃っていたと言えます。それは文字通り、雛形でした。

同じマディーナに建てられたのは、今は壮大な規模となった「預言者マスジド」と呼ばれるマスジドです。そこはマッカ巡礼を果たした多くの人たちが足を延ばして訪問するので、今では数百万人を収容する格好になっています。この「預言者マスジド」の内部を見ると、当然中心は礼拝方向を示すキブラの印と、その右側にある説教台(ミンバル)です。それら二つの間は、楽園(ラウダ)と言

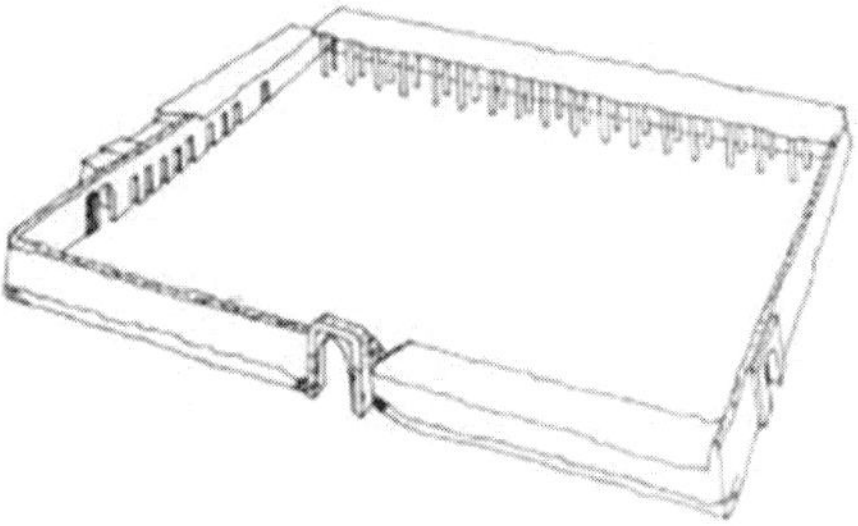

写真12　預言者の家(想像図)

写真13　預言者マスジド内部

われて、それは天国であるとの意識で見られます。

しかしここで強調しておきたいことは、この天国の話ではありません。これら二つの造作物の位置関係です。それは数米しか離れていませんが、この位置関係は西暦七世紀の預言者の家のままだそうです。預言者は家から隣の空き地に出て、数米離れたところで説教をして、また礼拝を指導していたということになります。考古学的な遺跡は残されていませんが、多数の文献資料などから当時の様子が復元されて、サウジアラビアの展示会などに出されることがあります。キブラとミンバルの両者だけはしっかりと原型をとどめた位置関係の構造をしているという点は、特筆に値すると思われます。それほどに預言者の足跡をとどめておいて、それを辿りたいという強い願望が感じられるからです。

＊次に古寺巡礼で特筆しておきたいのは、シリアの首都であるダマスカスにある、ジャーミウ・ウマウィーです。そこの名称は通常、マスジドではなくジャーミウと呼ばれます。いわば大マスジドという意味で、昔の指導者カリフご指定のマスジドということになります。実は著者は、一九七三年春のある日、同マスジドにおいて当時の大統領と並んで礼拝をする羽目となったのでした。それは全く予定も何もなかったのですが、たまたま訪れた日は預言者の誕生日ということで、その記念の礼拝のため特にハーフィズ・アルアサド大統領（当時）が列に入ってきたのでした。初めは気が付きませんでしたが、あまりに警備員が多いので目

写真14　ジャーミウ・ウマウィー

を上げると、そこに彼が参列していたという次第です。大統領だからと言ってそれ以外に特段のことはありませんでした。ただ著者としては思わぬ出来事として、若い日の思い出になったというにすぎません。

それよりもここに記しておきたいのは、それが初めての同マスジド訪問ではなかったということです。以前から何回も行っていて、かなり隅々まで知り尽くしたところでした。何がそのように惹きつけたのでしょうか。同マスジドは元来、キリスト教会であったのですが、アラブのシリア征服当時に、イスラームのマスジドに転換されたという歴史のあるものです。同マスジドのドームがその後のマスジドのドーム建造に火を付けた格好になったものです。御堂入り口の破風上部にあるモ

写真15　ジャーミウ・イブン・トゥールーン

ザイクの図柄は美術史には必ず出てくる有名なものですが、天国の想像図とされています。こういった宗教交流の様子が、強い印象を残したものと思われます。

＊古寺巡礼の最後に触れたいのは、カイロにあるジャーミウ・イブン・トゥールーンです。このマスジドは昔のイブン・トゥールーン朝（八六八―九〇五年）時代の建造になるということで、いかにも古風に装飾も少なく、建造物も朴訥とした印象です。このマスジドに惹きつけられる理由の一つは、そこにある礼拝を呼び掛けるための光塔を上る階段が、塔の外に取り付けられた傾斜様式になっているということです。通常は塔内部の階段で上ります。この特別の様式は遠くイラク北部にあるサマッラーのマスジドの光塔と同様です。元はイラクを統治してい

写真16　サマッラー光塔

たカリフがロバに乗って塔を上るために、傾斜様式が取られたそうです。その後サマッラー自体は蒙古軍の襲来にあって、使用されなくなり、完全に砂漠の砂まみれとなりました。それが現在は、テロリストの破壊工作で惨めな姿となったそうで、何とも時代の変遷というか、砂漠の悲劇のように思われます。九世紀に遠隔地の様式を、遠くイラクからカイロまで取り入れた寺大工たちの苦労も偲ばれますが、同時に一抹の寂しさを感じさせるのが、イブン・トゥールーンの光塔ということになります。

さて以上いくつかのマスジドを取り上げました。著者にはそれぞれ特別の思い出があるからですが、観光旅行のつもりで書いているわけではありません。そもそもどこへ行くにしても一度足りと観光の意識をもって足を運んだことはありませんでした。それは各地の信仰の現場を確かめるため、ということで、まさしく古寺巡礼のつもりでした。その意味では右以上にいくつも言及したいところはあるのですが、代表的なところだけに留めます。読者の多くの方々にとっては、いずこも見聞きされたこともない場所かと思われました。[51]

イ．マスジドのあり方を巡る世界の議論

後代に至って、その単純な構造に付加された造作物には、ドームや光塔（ミナレット）や回廊や洗浄池などもあります。しかしそれらは付加物であり、原点希求の心が生き続け、今日に至っているのです。それは歴史の有為変転を一本の縦糸で通したようなもので、どこまで行っても礼拝の精神性を最大尊重するという信念の糸は切られていないことに注目しておきたいと思います。ところが人間のなせる業として、過ぎた装飾や、あるいは各地での独特な様式を持った多様化やその模倣が進むこととなりました。

はじめに確認しておきたいことは、マスジドを語る場合、得てしてその造形美や技術面にのみ注意が惹かれがちだという点です。信仰を離れて純粋に美術品や建造物として見ることに、どれほどの価値があるのか、それは場合によっては冒涜にさえなるのではないかという点です。これは日本で仏像を見る目にも、当たる指摘です。

以上のような宗教と芸術の交錯について、和辻哲郎は次のように述べていますが、それは至言だと思われます。

仏教の礼拝儀式や殿堂や装飾芸術は、決して宗教的生活の本質に属するものではない。

宗教的生活はこれらの全てを欠いてもかまわない。荒野の中にあって、色彩と音楽とのあらゆる人工的な試みを離れ、ただ絶対者に対する帰依と信頼、そうしてこの絶対者に指導せられる克己、忍辱、慈愛の実行、それだけでも十分なのである。

しかし芸術が人の精神を高め、心を浄化する力をもつことは、無視されるべきでない。……かく芸術は、衆上にそのより高き自己を指示する力の故に、衆上救済の方便として用いられる可能性をもっていた。[52]

「方便」としての芸術は、本質的には宗教とは向かう方向が異なり得るということについて巧みに論点を突いていますが、この論点はイスラームのマスジドを見るときにも当たっています。最近は、装飾やライト・アップが過剰ではないかと指摘しつつ、それらの簡素化をマスジド建築について求める声が、世界的な規模で出ています。またドームやミナレットといった伝統的ではあっても、一番経費のかかる造作物を省略して、質素かつ機能的な現代様式を主張する潮流も強くあります。他方基本は変わりないが、もっと各地の素材を生かして、地方固有のあり方も検討すべきだとの流れもあります。こうして現代は、マスジド建築に関するいわば原点回帰の志向が強まっていると言える状況です。

堂内の広間とマッカに向かうための礼拝方向（キブラ）を示す印があれば、それで足りるという当初の簡素な姿を基本とすれば、その基本が未だに尊重されて踏襲されているというのが事実です。この基本形から、際限なく世界にマスジド建造の広がる様子は、一瞬の間に無限大に拡張する宇宙のビッグ・バンのような印象を与えます。しかしこのような多様性に眼を奪われるとしたら、右に述べた芸術美や建築技術にのめりこむのと同種の過ちを犯すことになってしまうでしょう。

信仰心という不動の中核を保ちつつ、他方でそのような広大な過程の流れも事実として踏まえるという視点が必要になります。それによりマスジドの原型は簡素であっただけに、その後は自由奔放に羽ばたいたことを跡付けると共に、イスラーム信仰の熱気とその発露の証左を垣間見ることにもなるのです。

ウ．マスジドという呼称

マスジド関連の用語も関心事です。マスジドは一昔まではモスクと呼ばれていたものですが、今ではそれはそうは呼ばれなくなりました。そこで本節ではまず、日本でモスクと呼ぶのを止めて、マスジドに限定することになった話を紹介したいと思います[53]。

そもそもの呼称であったモスクは、広く知られていました。しかしその語源については、ほとんど明らかにされずに来ました。それは英語のモスクから直接に日本語に入ったことは間違いないし、英語のモスクはフランス語のモスケから来たことも明らかでした。またフランス語のモスケがどこから来たかについても、スペイン語のメスキータに端を発していることは多くの人が支持していました。それではそのメスキータは一体どこから来たのでしょうか。

問題はそこから始まりました。背景として押さえておかねばならないことは、中世においてはスペインのあるイベリア半島はアラブ・イスラーム勢力の支配下にあったという史実です。元はキリスト教徒の土地であったところが、八世紀以降、一五世紀まではイスラームに征服されたのでした。当時はイスラームの方が、ローマ帝国の崩壊過程にあったキリスト教世界よりも先進的で強力だったのです。そんな中、征服下にあるキリスト教徒の反応も複雑なものになります。イスラーム化する人もいれば、面従腹背ということで、恨めしく思っている人も少なくなかったことは想像に難くありません。

イスラーム教徒の方は、しきりに集団礼拝などで集まっていたのですが、その様子を見て、「彼らは見すぼらしい」と言い出すキリスト教徒がいても不思議ではありません。砂漠の生活から来た多くのムスリムのいで立ちが、そのように映ったのでしょう。「見すぼらしい」というのはアラビア語ではミスキーンと言いますが、これが前述のメスキータの語源ではないかという疑いが、誰ということなく噂されていました。

それは著者がこの問題に注目し始めた二〇年ほど前にも、普通に耳にしました。そうであるかもしれないし、そうでないかもしれない、要するに両者の見解はいずれも論拠がはっきりしないままに時間が経っていたのでした。

一方、アラビア語のマスジドという用語はクルアーンにも出てくるものですが、それがメスキータの語源であるとも断言できませんでした。というのは、マスジドの「ジ」という音が、メスキータの「キ」に発音上変化する事例は見当たらないからでした。有名な「ジ」ブラルタル海峡のことを、「キ」ブラルタル海峡とは発音しないということです。

こういった乱麻のような混乱を一刀両断の勢いで断つように回答を与えることができたのは、スペイン人言語学者のまとめた『アラビア語及び関連借用語辞書』です。それは、モスクの語源にはムスリムに対する侮蔑の意味があったことを認めた、欧米ではおそらく初めての文献となったのでした。

イベリア半島に攻め行ったアラブ人はイエメン出身者が多数であった。彼らはアラビア語発音の際、口ごもる傾向があり、また単語の男性、女性は不確かであった。因みに砂漠のベルベル人（注：イベリア半島征圧に北アフリカから駆り出された）も同様であった。そこから、masjid の j が q となり、女性形の語尾を持つ mesqita に変化した。さらには同半島のアラビア語を話すキリスト教徒たちがそれを軽蔑のために ma/usqita と発音したであろうことに疑問の余地はない。後半の－usqita は、落とす（アラビア語の落ちる saqata）から来ているので、落とす物（注：あるいは場所）という意味になる。(54)

著者のコリエンテ博士（一九四〇―二〇二〇年、コルドバ生まれ）は、長年この道を専門にしてきた学者で、彼のモットーは研究に政治的な判断や、まして人種的宗教的な先入観と偏見を避けるべしと主張する最先端にいる人でした。それはスペイン文化にアラブの影響があるなどということは耳にもしたくないという人が少なくない中で、勇気のある発言でもありました。彼の事務所には保守派からは、脅しの電話が入ってきたそうです。コリエンテ博士の圧倒的な中世欧州諸語（カタロニア語、ポルトガル語、カステラ語、ガリシア語など）を巡る博学振り、そして学問は中立的であるべしとする信念が光っていることには、自然と頭が下がる思いがします。

以上を再度まとめてみると次のようになります。

英語のモスクはフランス語のモスケから直接に由来したが、それの語源は、スペイン語のメスキータである。ここまでは従来も異論なく認められてきた。問題はメスキータの語源であり、それは果たしてムスリムに対する侮蔑の言葉ではなかったのか。

史実は次の通りと判明した。語源はアラビア語のマスジドであること、それがイベリア半島に入ったアラブ人の一部（イエメン人や砂漠のベルベル人など）によって訛って発音されメスキータとなったが、それをキリスト教徒たちが軽蔑用語としてもじってマー・

ウスキタ（落ちた場所、地獄）と言うことがあった。そこでメスキータがスペイン人の間で広まり、そこからフランス語のモスケが出てきて、英語のモスクに至った。

こうしてモスクの語源を巡る謎は解かれました。二〇一二年、以前より出所に疑いのあるモスクは不使用とし、礼拝所と呼ぶか、あるいはクルアーン通りにマスジドと呼ぶことが日本ムスリム協会で決定されました。そして現在では、日本全国約九〇箇所はあるイスラームの礼拝所において、モスクと呼ぶところは皆無となっています。

以上のような次第ですが、注目しておきたいのは人種的な、宗教的な侮蔑用語使用の事例は世界各地で見られてきたということです。仏教でも長い間、日本や中国の流れを大乗仏教と読んで、東南アジアのそれを小乗仏教と読んできました。乗るなら大きな船の方が良いという発想ですが、それでは南の方は浮かばれません。それどころか、南伝仏教こそは正統であるという自負心も強くありました。お釈迦様の近くで教えを授けられたというので、上座部仏教というのが自称の名前でもありました。そこで現在は一般的に上座部仏教とするのが普通になったという次第です。さらには、儒教というのは、やはり小人の教えという侮蔑の意味合いでしたが、どうしたわけかその名称は自称のためにも使用されてきました。それにも不思議な歴史的な背景があるのでしょう。[55]

いずれにしても呼称は長い歴史を反映するので、変更するのは容易ではありません。しかし当事者にとっては納得のゆくものでなければ、命を掛けるほどの問題であることも明らかです。日本では素直にモスクの使用は廃止したのに、未だに欧米では何の躊躇もなくそれが使用されています。そしてそういった感覚は何がしか、彼地におけるイスラームとの摩擦の遠因ともなっていると著者は考えています。

（六）「宗教人」はどこに？

著者水谷は生家が京都の古寺であったため、幼い頃から宗教というものがいつも意識の中心にあったように思います。思いますというのは、本人は一向に特別の意識があったという記憶はないのですが、後になって多くの人たちと異なっているということに、ハッと気が付いたということです。その違いの多くの側面は、寺の生まれだったということと直結しているのです。

神社仏閣を街に見るといつも気がかりとなり、あるいはその宗派別はまず忘れることがないなどもその一面です。でもその究極的な側面は、日本では宗教熱がすっかり冷めているが、何とかならないかという悔しさでした。その気持ちが失せることもなく、半世紀にわたってあれやこれやと模索してきたというのが、振り返っての人生行路ということになります。そこでは同時に、どこに本当の宗教人がいるのか、いつも探している気持ちが共存しているのでした。

ところで「宗教人」という言葉はあまり見ませんが、それは信心を持ちそれを大切にしている人たちという平たい意味合いしかありません。それ以上複雑な定義は想定していません。職業や、まして老若男女の別は問いません。

ア．宗教よりは人徳を

＊荒修行と人徳

人徳という言葉は、最近はあまり聞かなくなった用語の一つです。著者が幼い頃は、しきりに耳にしました。簡単な例は、二宮金次郎でした。しかしその二宮金次郎でさえ、小学校の校門近くに銅像をよく見かけましたが、最近は撤収されるケースが多いそうです。人徳とは、寛容、勤勉、忍耐、誠実、正義感、利己よりは利他であることなどの美徳を多く体現している場合に使用されてきました。

それが横溢しているような人材は、歴史上も模範として扱われ、子供用の絵本などでもよく登場しました。アメリカで言うとリンカーン大統領のような扱いです。木こりの子供が、自学自習して、高徳な言動で人々の尊敬と称賛の的になっています。しかしこれら二人のいずれも宗教家ではなかったのです。ですからここで言おうとしていることは、宗教人である以前に、高徳の人であることの重要性です。宗教人よりももっと広い功徳を体現して、広範な支持を得ることができます。著者もまず探し求めてきたのは、高徳な人ということになります。名僧や高僧では、必ずしもないということです。

いわゆる高僧であっても、出世欲がむき出しのような人もいるようです。それでは何のための宗教かということになります。比叡山の荒修行は有名です。それを達成した人は、生き仏とも言われます。千日回峰行は、七年間にわたって雨の日も嵐の日も、ひたすら夜中に寺を出て比叡山中を歩き、午前中に寺に戻ります。毎日約三〇キロを平均六時間で巡拝するのです。そして七〇〇日を満行すると、最も過酷とされる「堂入り」が行われます。堂入りして籠る前には行者は生前の葬式を行い、堂内で九日間にわたる断食・断水・断眠・断臥の行に入ります。堂入りを無事終えると、阿闍梨《あじゃり》という称号を得て、生き仏として信者達に合掌で迎えられるのです。

何ともすさまじいことは、想像を絶します。しかもそれを三回、四回と繰り返す行者もいたそうで、それこそ生き仏ということでしょう。著者が子供の頃には、葉上照澄という人の名前をよく聞くことがありました。阿闍梨になられたということでしたが、それよりもさすがに高徳で見る人を納得させる人物だというような噂話を覚えています。著者の父親が語っていたので、そうだろうと想像していたのです。

しかし最近はその阿闍梨さんでも、それほど高徳と思えない印象を与える人もおられるのかと心配されます。こんな大それたことを敢えて書く以上、それは著者一人の狭くて浅い印象論ではなく、何人もの方の言われているという噂が出所になっています。自分はもう荒行を完遂したのだから、どうだ、といった気持ちが顔面一杯に溢れているのです。もう「生き仏」だというところでしょう。でもそれでは、どうも何かが違うのではないかというのが、正直なところです。

＊人徳の復権

人は何に納得させられるのでしょうか。荒行に耐えたという事実なのか、そこに至る多くの精神的肉体的な障害を克服したことに感激するのでしょうか。事実、千日回峰行を完遂できない人は自死することになっているということで、もちろんそれを乗り越えたという一事だけでも、誰にでもできることではありません。著者には近づくこともできません。しかしそれにしても、どうだ、自分はやったのだと自慢気の様子を見せられるのであれば、はっきり言ってがっかりです。どうぞ、三回、四回とやってみてください、と意地悪な一言も口をついて出てきそうです。

「寛容、勤勉、忍耐、誠実、正義感、利己よりは利他であること」など、どれをとっても会得するのは簡単な話ではありません。ですから、ここで強調しておくべきことは、こういった人徳は人の憧れであり、尊崇の対象となる重要な世界であるということを鮮明にしておきたいということでしょう。高僧よりは高徳が、まず原点であるという位置関係です。人徳の呼び声が希薄になるとともに、道徳一般の低下が指摘され、ようやく道徳が学校の教科に取り入れられ始めています。そんな中、もう一度人徳という用語も復権させたいものです。

イ．人徳よりは神徳

＊俗世を卒業する境地

人徳を極めれば、それが最終地点になるのでしょうか。これもどうも本当の回答ではないようです。なぜならば、人が崇拝するから会得する人徳は、それなりの限界がはじめからあるからです。評価の基準は人ではなく、それを超越したより高度なものを想定できるし、そのような崇高な基準こそが息の長いものであろうと、容易に理解されるのです。

俗世は卒業するためにあると言えるでしょう。それはまさしく、彼岸と此岸の両方に脚を置いた姿です。この世の事象をあの世の脈絡でとらえることのできる心境です。無駄な殺生したら、悪いことをしたという率直な感触があるとすれば、他者に迷惑を掛けたなどという短絡的で物理的な話ではなく、その行為がより高次な戒めに反したからだという感覚を持つはずです。それが信仰の出発点です。

信仰世界で示される高次元の諸禁則や規範を自分のものとすることが、信仰の目標です。そのための荒修行でしょう。あるいは禅修行であり、瞑想や礼拝の目指すところであるはずです。こんな境地は、人徳よりは神徳に即したものとも表現できそうです。「神徳」というのも聞いたことのない言葉です。人定の徳目ではなく、神定の徳目であるという単純な意味に理解しておいてください。それは人定とは異なり、盤石の基礎に基づいているし、それは世の移ろいに左右されない、いわば永劫に輝きを失わないものです。

＊赤子の心境

神徳を会得したというありがたい心境とは、どのようなものなのでしょうか。しばしば言われることですが、それは赤子の心境だということです。あらゆる計算や人の眼を気にするわけではなく、喜怒哀楽はすべてそれぞれの持つ固有の価値のためにあるという状況です。しかしこれまた、人に何十年も前の心境に戻ることを要求しているとすれば、それは言葉の綾に過ぎないことになるでしょう。言うは易し、行うは難し、というだけのことです。ただし最近発達してきている詳細な脳科学や遺伝子レベルの諸科学を活用すると、赤子には赤子の計算と人目を気にした外への芝居もあるという側面が証明されるのかも知れません。しかしここでは一応、それはあったとしても未確認なので、度外視しておきましょう。

そこで俗世を脱皮した様子を具体的に置きなおすと一番早い話としては、自制心を養い、節制を心がける、言い換えればそれは禁欲の心境を達成することです。自らを抑える、ということは我欲を抑えるということです。我欲、それは本当に悪魔のようなもので、人の心に住み着き、あるいは常に侵入しようとしている、ウイルスのようなものです。それとの戦いに終わりはありません。一生がその戦いの連続であり、だからこそ人の生涯は試練に他ならないということになります。そしてこのことに気が付いたのであれば、その神定の事実に素直に従い、自らを律するしか、正しく生きる方途はないはずです。こうして俗世から解放されるというか、卒業できるものとなるはずです。ちなみに阿闍梨となれば何が違うかと言えば、それは利他の立場に立った言動ができる人という扱いになる点が、一番の違いだそうです。

ウ．宗教と言葉

＊言葉とこころ

宗教人とか神徳とか、日頃は目にしたことのない造語を使ってしまいました。不可避的にそうなるのは、言語が主要な表現と伝達の方法だからというに過ぎません。言葉は細かいことまで伝えることができるので、仕方ないのでしょう。仕方ないということは、本当はそれ以上の方法があればその方が良い、と願う気持ちが半分あるからです。

それでは言葉そのものでなければ、いったい何が伝達の対象となるのでしょうか。それはいわばその言葉を口にする人の「こころ」です。「こころ」そのものの表現方法としては、芸術もあるのですから音楽や美術により、それを表し伝達することもしきりに試みられています。それらが成熟して芸術に発達したのです。芸術によって、「こころ」を直接に表出することで、鑑賞する人たちを感動させることもできます。ただしそれも容易な仕業でないことは、言うまでもないでしょう。

また同時に言えることは、あらゆる芸術の原点は宗教の補助手段であったという関係です。教会を飾る壁画や賛美歌などの音楽が独立して、今日の芸術に展開しているのです。ということは、宗教そのものの表現としては言葉しか選択肢はありません。そしてその言葉を捨てるとすれば、残されるのは、荒修行や沈黙の座禅や一定の踊りということになります。いずれの方途であれ、目指しているのは「こころ」である点は、明確かと思われます。

＊言葉を慎重に扱うわけ

言葉を使用しながらも目指すものは言葉ではない、という矛盾があることに気付かされます。これは相当本質的で、根の深い問題を提起していると言わなければなりません。少なくともまずは、こういった事態に突き当たっているという状況を正面から把握することが一番、その次はそれではこの矛盾にどうやって立ち向かうのが良いかという課題です。

一つの事例をあげてみたいと思います。それは旧約聖書のコヘレト(古代イスラエル王国第三代の王ソロモンとされる)の言葉を巡る議論がテレビ放映されたときのことでした。現在の訳し方では、かれは「人生は空である」と説いたということで、知られています。しかしある神学者によると、それは「束の間」と訳すべきだということです。昔は「むなしい」と訳されていたとも説明があり、それよりは「空」の方が相当ましだが、それでも「空」ではあまりに仏教的な語感が強いのが難点だとされました。ところがそれを聞いていた批評家は、「空」という概念は仏教に限らず他の宗教でも語られるところであり、それは基本概念が一つの手のひらだとすれば、五本の指に分かれているようなものだ、そしてそれは幻想ではなく実在するものであると言いくるめたのです。もちろん言いくるめると言っても、強制的な感覚ではなく、あくまで自らの理解を率直に、しかし多少語気を強めて発言したということです。

ここで重要だと思われるのは、コヘレトの「空」は仏教の語感が強すぎるのかどうかであり、そのこと自体が主題であるのにかかわらず、一気に、断定的にそれは超宗教的な概念だと言い返したということです。それは議論のすれ違いに過ぎません。要するにこれほど本質的な問題であっても、かつそれがテレビ放送されているという公衆の面前でのやり取りであるにもかかわらず、丁寧な整理のないままに「言いくるめた」ということです。ただし公正のために付言するならば、あるいはそのような細かい検討があったとしても、放映時間も限られているので録画が編集されて、一般向けでないような詳細な議論は削除されていたのかも知れません。

いずれにしても言葉には意味上の階層や重複など様々な関係を成す構造があり、その一つ一つの意味上の大小や高低、あるいは広狭をしっかり把握し、構造的に連関を確認しないと、ほとんどのやり取りは道路上の口論と品質は変わりないという結果に至ります。主要宗教における共通概念として「空」というものが認定できて、従ってそれが実在するという批評家の見解を支持するには、相当の作業を必要とすることでしょう。

言葉を構造的に把握していなかったのは、批評家だけではなく、神学者もいわば同じ船に乗っていました。神学者自身が構造的な論議をしていれば、状況はすっかり異なった展開になっていたでしょう。あるいは、コヘレトの言っていることは、何であれ実在するものなどはないということであれば、「空」も拒否していることになります。そうすると神学者の言う「束の間」に軍配が上がるのかも知れません。

著者がここで明確にしたいことは、宗教を語る言葉は、丁寧に扱いましょうという一事です。自己主張で声を大きくしたいのは人の常ですが、それはとても信仰という繊細で微妙な内容を扱う姿勢ではありません。昨今流行りと見られる宗教対話でのやり取りも、例外ではありません。「平和」であれ「寛容」であれ、異なる宗教の間での話し合いはますます慎重に扱う必要があります。宗教対話の課題としての社会運動推進という目的のためには、それほどの余裕はないのかも知れません。しかし問題の根本はゆるがせにできないということです。

現代は大衆文化の支配する御時世ですので、用語の精査よりも、感覚的に刺激的であり、緩やかよりは素早い反応の方が多くの耳に訴える傾向にあるのは否めません。こういった流れる時代感覚に確信をもって竿を刺すことができるのも、宗教信仰の一つの役割であり、効用とも考えられます。言葉を通じて「こころ」を察知しようとする宗教には、この大役がはじめから振り当てられているとも言えます。

抽象的で慎重な扱いを要するという意味では、本当はすべての芸術もあらゆる高度な技術も全く同様です。デジタル技術を手荒に扱う人はいないでしょう。その器材は壊れてしまって非難轟轟《ごうごう》となり、犯人捜しは徹底するでしょう。しかし宗教用語はそのような恐れがないのでしょうか。言葉を粗末に扱っていては、その奥にある「こころ」を見逃してしまうのが落ちでしょう。それでは人のこころを迷わせて、はては永遠に過ちの道を歩ませるかもしれないのです。これは大罪の部類に属するでしょう。

【註】

(28) 拙著『イスラームの善と悪』平凡社、二〇一二年。

(29) 澤田秀丸『白骨となれる身　御文に学ぶ』法蔵館、一九九七年。六三頁。

(30) http://dx.doi.org/10.3998/jmmh.10381607.0012.105　二〇二一年一一月一八日検索

(31) アフマド・アミーン『イスラームの暁（ファジュル・アルイスラーム）』カイロ、一九二八年。（アラビア語）

(32) 前出拙訳『アフマド・アミーン自伝』第三書館、一九九〇年。

(33) 拙論「アフマド・アミーンの文明論」日本中東学会年報第九号、一九九四年。六七―九二頁。「アフマド・アミーンの人生論」同年報第一〇号、一九九五年。九一―一一六頁。（両方共英語）

(34) 前出『溢れる随想（ファイド・アルハーティル）』カイロ、全一〇巻。一九三八―一九五六年。（アラビア語）

(35) 拙著『アフマド・アミーン―現代エジプト人の知的闘争』カイロ、エジプト文化省、二〇〇七年。（英語）

(36) 拙著『イスラーム現代思想の継承と発展―エジプトの自由主義』国書刊行会、二〇一一年。同『二〇世紀エジプト思想における自由主義―アフマド・アミーンとフサイン・アミーン』ロンドン、タウリス出版、二〇一四年。（英語）同『二〇世紀の自由主義―アフマド・アミ

ーンとフサイン・アミーンのエジプト思想』ナイル・アラブ出版、二〇一六年。(アラビア語)

(37)『イスラーム信仰叢書』水谷周総編集、国書刊行会、全一〇巻、二〇〇九―二〇一二年。

(38) 拙著『イスラーム信仰とアッラー』知泉書館、二〇一〇年。

(39) 拙著『イスラーム信仰とその基礎概念』晃洋書房、二〇一五年。

(40) 拙著『イスラームの精神世界―信仰の日々』日本サウディアラビア協会、二〇一三年。

(41) 前出拙著『イスラームの善と悪』平凡社、二〇一二年。

(42) 拙著『イスラーム信仰概論』明石書店、二〇一六年。

(43) 前出『クルアーン―やさしい和訳』水谷周監訳著、杉本恭一郎訳補完、国書刊行会、二〇二一年。第五版。創刊以来、二年の間に版を重ねてきた。

(44)『日本のイスラームとクルアーン』日本のイスラームとクルアーン編集委員会編、晃洋書房、二〇二〇年。

(45) イブン・ジャウズィー『黄金期イスラームの徒然草』拙編訳、国書刊行会、二〇一九年。

(46) アフマド・アミーン『現代イスラームの徒然草』拙編訳、国書刊行会、二〇二〇年。

(47) 拙著『イスラーム用語の新研究』国書刊行会、二〇二一年。

(48) 拙著『絶対主の覚知と誓約』宗教信仰復興叢書第五巻、国書刊行会、二〇二一年。

(49) 前出『祈りは人の半分』共著水谷周、鎌田東二、国書刊行会、二〇二一年。

(50)『宗教信仰復興叢書第一巻』が二〇二二年七月に刊行の運びとなったのを機に、その記念事業として同年一一月末に東京で、翌二三年一月には京都において記念シンポジウムを開催する運びとなった。「現代日本における信仰復興を問う」という非常に挑戦的なタイトルを冠することとなった。一層の議論の活発化と世論喚起の効果を期待したい。

(51)このような古寺巡礼を念頭に置いてまとめたのが、拙著『イスラーム建築の心—マスジド』国書刊行会、二〇一〇年。しばしば建築様式の起源や装飾芸術の展開などがテーマとなりがちだが、それを避けて信仰上の意義を重視した信仰者の立場からの記述で一貫したところは、類例を見ない特色と考えている。

(52)和辻哲郎『古寺巡礼』、岩波書店、第四八刷改定、一九七八年。第一〇、一一頁。

(53)前出拙著『イスラーム用語の新研究』、マスジドの語源については、二二三—二三七頁参照。

(54)フェデリコ・コリエンテ『アラビア語及び関連借用語辞書』ライデン、ブリル社、二〇〇八年。三七八頁。mesquita の項目の要点。

(55)イスラームの呼称自体も、欧米では一様ではなかったことが想起される。当初は「サラセン人の宗教」といわれていたのが、一八世紀の啓蒙時代以降、民族的名称は避けて「モハメッド的宗教」が普及した。それが第二次世界大戦後は自称に従うという原則が東洋学者によっても支持されて、「イスラーム」が広まった。ウィルフレッド・キャントウエル・スミス『宗教の意味と終極』国書刊行会、シリーズ宗教学再考第八巻、二〇二一年。一一八—一一九頁。

四、信仰の今昔

人の成り立ちが大きく変わらない以上、生きて行く上でどうしても必要となる信仰は、旅の伴侶であり糧であるので、信仰自体が大きく変わるわけではないということになります。しかし時代の変遷は、その時代の抱える信仰上のテーマに変化をもたらします。そしてそれを探訪することは、信仰のさまざまな側面に直接触れる機会が得られることにもなります。

イスラームは始まって以来約一五〇〇年経ちますが、初期、中世、現代と各時代における主要課題は明確な変化を示しつつ展開されてきました。日本ではまだまだ知られていない側面もありますが、諸課題への対応はさほど想像を超えるものではなく、その意味で典型的な展開を示してきました。そこで本章では主としてイスラームの事例を振り返ることとします。

(一) 初期の障害

新しい宗教がその始まりに遭遇する困難は、どの宗教であっても容易なものではなかったことでしょう。イスラームは物質主義と多神教にどっぷりつかった世相の中から産声をあげました。むしろそういった風潮に嫌気がさして、それに竿を刺すことが大いに動機になっていたと言っても過言ではありません。そういう中での関心事とは何か、おおよそ今日のわれわれでも予想できる事柄が大半だったようです。

ア．唯一神とは

イスラーム開始期の最大の難関は、それまでの多神教を乗り越えて、アッラーという唯一神に帰依を集中させることでした。言葉の表現力を越えた、抽象性の高い存在が対象であることも難しさの一端でした。そこでそれなりに具象的な伝達方法が、まずはクルアーンというアッラー自身の言葉でしきりに示されました。次の節は、「玉座の節」と呼ばれていますが、アッラーを表わす最も長い描写になっています。

アッラーこそはかれの他に神はなく、かれは永生にして（全存在を）扶養するのです。眠気も睡眠もかれをとらえることはありません。諸天にあるものや、地にあるものは（すべて）かれのものです。かれの許しなく、誰がかれの御元で執り成すことができるでしょうか。かれは、かれら（人びと）のこれからとこれまでをご存知なのです。そしてかれの御心にかなったこと以外、かれの知識からかれらが得ることは何もありません。かれの玉座は諸天と地に果てしなく広がり、またそれら（天と地）を護持することで、かれが疲れることはありません。かれは至高なお方、偉大なお方なのです。（二：二五五）

以上の他、クルアーンにはアッラーを多様な側面から説こうとしている工夫の様は、手に取るようです。

アッラーに対して人の弱さを告白しその赦しを請う場面（二：二八六）、アッラーを意識して、いつも敬虔であることの重要性（二：一九七、二二：三七）、どこを向いてもアッラーはおられること（二：一一五）、アッラーに来世で会えること（二：二二三）や尊顔を拝すること（一〇：二六）、慈悲はアッラーの務めであること（六：五四）、アッラーは人の目には見えないこと（七：一四三）、アッラーは人の心に分け入られること（八：二四）、アッラーの印はどこにもあること（一二：一〇五）、人はもがいてもアッラーの手のひらの上にいること（一四：一六）、アッラーは光であること（二四：三五）、存在の命令はアッラーの「有れ」の一言で創始されたこと（三一：二八）などが挙げられます。

イ．信者の生きがい

次いで布教に際して、信仰の有難さや功徳を説かなければなりませんでした。それについても、種々の精神生活上の特典を示そうとしました。

＊慈悲を期待できること（三：三一、七：一五六、二三：一一八、四〇：一七）

本当の慈悲（ラフマ）はアッラーにのみ可能で、それほど広く深い慈悲を、人は自分に対してだけではなく、他者に恵まれることを祈ることもできます。仏教的な慈悲というよりは、それは愛情を強調して、慈愛により近いもの。慈愛と関連したものとして人が持っているのは、アッラーに対する敬愛（マハッバ、内容は称賛と嘆願）と人間同士の愛情（フッブ、内容はアッラーの好まれるものを愛すること）ですが、いずれも信徒の心中では、もはや動物的な愛情ではありません。

＊生きる目的が明確となること（五：八、六三：八）

信徒の人生は、善行を積む篤信が唯一最大の日々の生きがいとなります。

＊幸福とは（三四：三七）

幸福は富や子沢山ではなく、安寧の心を獲得すること。この世の幸福は一時的でも、天国には永久の幸福があります。それは至福（トゥーバー一三：二九）という格別の名称で呼ばれていますが、その名称はクルアーン中でも一回出て来るだけです。

＊悲しさの克服（一二：八七、一八：五六）

一喜一憂しないで、悲しさの裏に恵みのあることを忘れないこと。余りの悲しみはそれまでの恵みを忘れているので、不信の原因となります。「悲しむなかれ」はクルアーンに頻出する言葉（九：四〇、一五：八八、一六：一二七、二〇：四〇）です。実際上は、それほどに悲しみの場面は多かったのでしょう。それは日本も同様です。

生きて行く上で道標ともなり、励ましともなる、日本の格言に近いような言葉も多数見られるのは、興味が引かれます。

善は急げ（二：一四八）、人には本当には事の善し悪しがわからないこと（人間万事塞翁が馬）（二：二一六）、この世は一時の戯れ（三：一八五、六：三二、二九：六四、三一：三四）、人には本当には嫌いか好きかもわからないこと（四：一九）、人は弱いもの（四：二八）、人にはより良い挨拶で返すこと（武士道に近いが、戦場でも挨拶せよとある）（四：八六）、殺人と自殺の禁止（四：二九、五：三二、六：一五一、一七：三三）、人には明日の日も分からないこと（七：一八七、一八：二三―二四）、外見ではなく心から静かに祈るもの（七：二〇五―二〇六）、善事は悪行を追放すること（一一：一一四）などがあります。

ウ．偽信者に要注意（四：一三八―四〇、九：七三、一〇一、三三：七三、五七：一三）

改宗への誘いや導きが容易でなかったことは想像に難くありません。預言者はその伯父アブー・ターリブの死の床にまで説得に行ったが、それは拒否されたことが、預言者伝承に記録されています。

アッラーのみ使いは、臨終近い彼の伯父にこう言われた。「アッラー以外に神はないと唱えてください。そうすれば審判の日に私は、あなたがムスリムであることの証言者になります。」これに対しアブー・ターリブは言った。「死を恐れるあまり改宗したのだと私をクライシュ族の者らが非難する心配さえなければ、私はお前の言葉に従っただろうに。」[56]

こうして入信しないで拒否する人たちは不信仰者ですが、その多くは古来の多神教徒でした。でも彼らは嘘をついているわけではありません。他方、どのような理由であれ、口先だけは信仰を告白しても、心の中では疑っている人たちも多数いました。どちらのグループでも非信者ですから、最後の日に懲罰を加えられる点では同じです。しかし偽信者は嘘つきということで、信者は余計に注意を必要としました。そのための警告も多数見られます。

偽信者たちがあなた（ムハンマド）のところにやって来ると、わたしたちは、あなたがアッラーの使徒であることを証言すると（口先で）言います。アッラーは、あなたが確にかれの使徒であることを知っています。またアッラーは、偽信者たちが真に嘘言の徒であることを証言します。かれらはその（アッラーへの）誓いを隠れ蓑《みの》として、アッラーの道から（人びとを）妨げているのです。間違いなくかれらが行なうことは極悪です。それは、かれらが一度信仰して、それから不信心になったためで、かれらの心は封じられ、そのため何も分からなくなりました。あなたがかれらを見ると、かれらの（立派な）体つきに驚くでしょう。かれらが語れば、あなたはそれに耳を傾けるでしょう。だがかれらは、壁に寄りかかった材木のようなものです。かれらはどの叫び声であっても、（呵責の念から）自分たちが責められていると思うのです。しかし、かれらこそが敵なので用心しなさい。アッラーよ、かれらを滅亡させてください。何と、かれらは（道から）はずれたことでしょう。（六三：一―四）

エ．信仰とは

どうすれば自分の信仰が深まり物になるのかは、大変な心配事であり、預言者にそのような直球の質問がしばしば出されたことと思われます。イスラームの信仰は、外見でわかるもの（イスラーム）、内面的なもの（イーマーン）、そして最高度の信心すなわち極信（イフサーン）と三段階で説明されますが、それはすでに預言者自身の言葉で提示されていました。

私（ウマル・ビン・ハッターブ）がアッラーの使いのところにいたある日、純白な衣服を着て、真っ黒の髪をした一人の男が突然現れた。……彼は預言者の側に膝を組み、手のひらを太腿の上に置いて座り、次のように言った。「ムハンマドよ、イスラームについて述べてみよ。」アッラーの使いは答えた。「イスラームとはアッラーの他に神はなく、ムハンマドはアッラーの使いであると証言し、礼拝を行い、喜捨を供し、断食月には断食し、旅の資金に支障がない限り、アッラーの館(カアバ殿』に巡礼することです。)……その男は更に、「イーマーンについて告げよ。」とも言ったが、み使いはこれに対し、「アッラー、その天使たち、啓典類、使徒たち、審判の日についての信仰、善悪に対する運命を信ずることです」と述べた。その男は、この答えを「正しい。」と言い、更にまた、「イフサーン(善行三昧、極信)について述べよ。」と問うた。み使いはこれに対しても、「あたかも目前に座すかのようにアッラーを崇めることです。あなたにアッラーのお姿を拝することができなくても、アッラーはあなたのことを見ておいでになるからです。」と答えた。[57]

(二) 中世の苦慮

アッバース朝(七五〇―一二五八年)は古典的なイスラーム文明の最盛期と言われます。固有の文化に合わせて、ギリシア古典からも多くを吸収して、文字通りその精神世界は豊かに育ちました。他方それは物質的には爛熟期であったということにもなります。また社会制度的にも良く言えば安定期ですが、それは固陋《ころう》な保守派や制度にしがみついて世の中を泳ごうとする近視眼的な私利私欲の人たちも多く生み出していました。そういった時代背景を思うと、そこには自然と新たな信仰上の諸問題が浮かび上がってきます。

出自からしても多数の著作からしても、イスラーム法学者として典型的な生涯を送ったイブン・アルジャウズィー(一二〇〇年没)や、社会活動家としても知られ、また原典主義的な思想のために、後代に多大な影響を与えたイブン・タイミーヤ(一三二八年没)の言葉から選択することにしたいと思います。後者はモンゴル軍がアッバース朝の崩壊をもたらした後の時代ですが、ますます社会状況は逼迫していました。

ア. 信心の堅持

＊説教を聞く人の心は様々

イブン・アルジャウズィーが、説教を聞く人の心は様々であると率直に語る様子には驚かされます。当時の世相を反映している面があると理解していいのでしょう。以下の文中にあるハンザラは預言者の教友の一人で、彼は預言者が来世を語るのを聞いて、自宅に帰ってからあたかもそれを見たかのように自分が話すのに気が付きました。そこで自嘲して、自分は偽信者だと言ったのです。しかしそれに対して預言者は、ハンザラを天使たちが見ているので問題ないとなだめられました。心の清浄であったハンザラの遺体は天使が洗ったとされ、没後彼は「洗浄」の綽名で知られることとなりました。(58)

説教を聞いて心が目覚めても、それが終わるとすぐに心は堅くなり、不注意が舞い戻ることがある。人の心は様々であるが、説教の前後で変わるのには、二つ理由がありそうだ。一つは、説教は鞭打ちのようなもので、それが終わればその痛みは消え去るということ。もう一つは、説教を聞くときの人の心身の状態は、世俗から離れて没頭しているが、それが終了すると雑事にまみれるのである。そこで正しい姿勢から離れることとなる。

これが多くの人の場合であり、目覚めの影響がどのように残るかは、人によりけりなのである。人によっては全く迷わずに、確固とした姿勢を保つ。そうする場合は性格からして、たとえそうすることが邪魔な障害となってでも、そうするのである。ハンザラ・ビン・アビー・アーミル（六二五年没、マディーナ住民で預言者ムハンマドの支持者）という男は、自分は偽信者だと言って自分を責めたことがあった。そうかと思うと羽毛のように風に舞って、性格上時に不注意となり、あるいは時に説教通り行動する人もいる。あるいはまた、石の上の水がなくなるように（すぐ流れ去るが）、耳にした分量だけは遵守する人たちもいる。（四頁）

＊妄欲と戦え

妄欲（ハワー）は野望とか我欲とも訳されるが、それは一体何を指しているのでしょうか。正体ははっきりしないが、それがあらゆる不信仰や優柔不断さの種であることは、経験的には理解しやすいところです。利己的で、一時的で、動物的で、金銭的で、感情的であり、一言でいうと世俗的で現世的ということです。

預言者ユースフは美男子だったのですが、彼をある女性がその夫のいない間に誘惑する話は、クルアーン第一二章の初めに出てきます。彼は後にエジプトの高官に取り立てられましたが、その彼の前に並んで、幼少の頃、彼を井戸に投げ込む策略を働いたことで彼の兄たちが許しを請うというのが、話の顛末です。それは妄欲に自制心を働かせる必要を説くための逸話として言及されています。

考えるとよく見かけることだが、大変なことだと思われる。それは信者を試練が襲って、そのすぐ近くに誘惑の種が蒔かれることである。特にそれを手にするのが苦労しないで済むような種類で、例えば個室に好きな女性と二人でいる男性のようなものだ。そうした場合こそはアッラーは至高であることを想起し、(心中の) 信仰が問われるのであって、(簡略方式の) 礼拝を二度するかどうかといった (外見の) 話ではない。

預言者ユースフはそれと似た状況に陥ったが、高位の地位につけたのは、それに打ち勝ったからだ。そこで彼が妄欲 (女性の誘惑) に従っていたならば、どうなっていたかは考えるまでもないだろう (クルアーン第一二章「ユースフ章」参照)。それとアーダムが理性のバランスを失ったケースを比べてみよう。忍耐の果実と過ちの結果の比較である。

そしてそれで得られたものを、あなた方が妄欲に直面した時の、武器とするとよい。

信者にはいつも妄欲が襲ってくる。（人生の）戦場でそうなると、その結果（戦死すること）を考えている兵士は、遅れを取り結局敗れることとなる。そういった事態は、次のようにも言われている。「あなたは自分の場所にいるのは、自分で選んだところで住むしかないからだ。」と。その結果は、後悔と涙でしかない。

足を滑らせて穴に落ちた人で、傷を負わないで抜け出てくる人はまずいない。ユースフの兄たちは彼に対して策略を図ったが、その後（何年かして）「私たちに（慈悲ある）施しをしてください。」（一二：八八）と言って哀れを請う場面がある。しかしそれほど情けない姿はない。ユースフと、許されることとなったその兄弟を比べてみよう。それはちょうど初めからちゃんとした服を着ている人と、繕ってはあっても穴の開いていた服を着ているようなものである。骨の弱い人は取り戻せないが、取り戻してもそれは弱いものでしかない、とも言われる。

だから私の同胞よ、心を襲う妄欲に注意しなさい。そしてしっかりと（心の）手綱を握りなさい。そして雲が立ち込めるときは、丘を登るのにも注意しなさい。そこに待ち受ける谷は、（水蒸気を出している洪水で）危険かもしれないからだ。（三〇—三二頁）

＊市場は人の心を駄目にする

市場の雑踏を避けることで、礼拝などの儀礼の純粋さを保とうという趣旨。世俗の醜さを嫌うことは、日本仏教の厭離穢土の思想と極楽往生の祈願を思わせるものがあります。アッバース朝の首都であったバグダードの喧騒が目に浮かぶようです。

礼拝し、禁欲的で、来世のことに没頭できるのは、人から離れた時だけである。というのは、彼らを見たり聞いたりできるのは、それが必要な時だけだからである。それは例えば金曜礼拝や集団礼拝の時だけであり、その際には彼らに十分気をつけているのだ。学者でも同じで、人びとに益があればと考えても、彼らとは時間を決めて、彼らとの話は用心するに越したことはない。他方日中、市場を歩き、この汚れた世界で売買する人は、嫌悪すべきものやとんでもないものを見てから家に帰るので、その心は既に相当黒ずんでいる。

（帰依行為に）没頭する人が外出するときは、砂漠か墓場でなければならない。行状正しい祖先は、売買したり注意したりしたが、それでも孤独になるまでは世俗にまみれざるを得なかった。

ウマイマル・ビン・アブー・アルダルダーィ（六五三年没、預言者の教友）が言った。礼拝と取引をしたが、両者は全く調子が合わず、そこで礼拝を選んだ、と。預言者伝承にもある。「市場は気持ちを散漫にして、（善行を）無効にする。」

以上の役立つ特別の組み合わせ（礼拝と市場、あるいは孤独と雑踏）が可能であり、家族のために人々と混じりあって稼がなければならない人は、棘の中を歩く人のように十分注意し、安全を図らなければならないのだ。（五五―五六頁）

＊快楽を得つつでは信仰は成り立たない

信仰を生活の中心に置く人たちを、本節では学者や禁欲者と呼んでいます。彼らの生きる主軸は信仰を通じる善行の追求であるとすれば、それは俗世間における利潤追求とは異質なものです。二つの異質なものは、水と油であるから、初めから最後まで混じり合わないもの。したがって善行追及者は、利潤追求型を遠ざけるべきだということになるのです。イスラームでは聖職者階層は設けられないので、このような意識涵養が特に必要となるのでしょう。

しかし僧侶階層のある仏教でも、結局同種の問題は生じるようです。徒然草では「生をむさぼり、利を求めて、止む時無し」（第七四段）として論じられています。そして火事が迫っているのにちょっと待てと言えないのは、老死が迫っているのに出家するのを先延ばしすべきでないのと同じだとしています（第五九段）。俗利を越える必要のあることは古今東西の現実として認められ、信仰上の学者や実践者は貧しさを意に介するものではないということになります。

学者か禁欲者以外に、現世での（厳密な信仰）生活はない。本来は純粋な彼らの生活にさえも、汚濁は混じりうるのだ。学者は知識を独立独歩でも得ようとするが、家族がいるかもしれないし、または権力者の介入を受けるかもしれない。そうするとその状況は一変する。それは禁欲者も同様である。

学者も帰依者も生活のために活動せざるを得ない。写本の仕事をして謝礼をもらい、あるいはヤシの葉の作業（装飾品などを作る）などである。それらで少々の身入りがあれば、それで満足することで、（他人に服従する）奴隷にならないですむ。

例えばイブン・ハンバル（八五五年没、ハンバル派法学の開祖）は、生活のために一ディナールほどしか収入はなかった。それで満足できないならば、権力者や大衆におもねることで、その生活は腐敗しただろう。

食卓を豊かにし、生活の厳しさを受け付けられない人も中にはいる。しかしこういった快楽と信仰は、共存しないのだ。だから学者と禁欲者は何が十分かということを知れば、権力者に（気に入られようと）媚びてその扉を何回もたたくこともないし、禁欲者はこれ見よがしにすることもないだろう。（六三―六五頁）

イ．アッラーへの帰依と逸脱

＊アッラーに専心であること

アッラーにしか万事解決の能力はなく、彼一人で十分であるということは繰り返される根本教義です。そのためには主のみと向き合うために、孤独を好むとしています。雑踏に紛れていては、雑音ばかりで心は乱れるのです。これは徒然草に言うところと酷似しています。「山寺にかきもりて、仏に仕《つこ》うまつるこそ、つれづれもなく、心の濁りも清まる心地すれ。」（徒然草第一七段）この心の静謐さは、イスラームではサキーナと称されて、それは信仰の前提であり、また信仰を補強するものと位置づけられます。いわばサキーナは、信仰と並べて、車の両輪として重視されます。

若い頃、私は禁欲者たちのあり方に大いに心動かされて、何時も断食と礼拝に明け暮れていた。そして孤独を好んだ。心は善良となり、洞察眼は磨かれ、帰依以外に時間が経つのを悔しく思い、すべての時間をそれに当てるようにした。（アッラーへの）親密さが増し、帰依の甘美さを味わった。

ところがある権力者が私の説教を気に入ったとして近くに置こうとしたが、多少そうなってからは、以前の甘美さは消失してしまった。また別の有力者は同様に近くに呼んでくれたが、今度は、接触し、あるいは食事を共にすることは控えた。（彼の意図について）疑念も生じて来ていた。それでも状況はあまり変わりなかった。そうして（教義上）許された範囲ならいいだろうという気持ちになって、洞察に鋭さは減り、心の静穏さもなくなってしまった。

こうして彼らと接触したことで、心の光はなくなり、暗黒が訪れた。失ったものを懐かしんで、周囲の人々も不愉快に思わせて、彼らも事態を後悔し改善しようとした。私はといえば、状況に完全に対応しきれなくなった。私の(心の)病はひどくなり、治療法も分からなかった。そこで行ったのが、先達の墓を訪ねて、自分の修繕を祈願することであった。そうすると私の守護者(アッラー)は、(俗事への思いを断つことへの)抵抗感にも拘らず私を孤独へと導いてくれた。そして私の心はしばし(自分から)離れていたのが、戻ってきたのだ。そして私がどんな恥ずかしいものを好んでいたのかということを、教えてくれたのであった。

私は正気を取り戻し、孤独のうちに次のように祈願の中で言っていた。

「主よ、どうして私はあなたに感謝できるのでしょうか。そしてどのような舌で、あなたを称賛できるのでしょうか。私の不注意をあなたは非難せず、眠りから覚ましてくれた。そして自分の(俗欲に傾く)性分にも拘らず、あなたは私を修繕してくれた。あなたに戻ることが成果だったのだから、私は何と大きな収穫を得たことか。そしてあなたと一緒になれたことで孤独が得られたのだから、何とうまくいったことか。そしてあなたを必要としたときに、どれほど私を豊かにし、あなた以外と一緒だったのに、どれだけ優しくしてもらったことか。あなた以外に対して奉仕し、従っていた時間が惜しまれる。一晩寝続けて朝を迎えても、(夜中の礼拝をしなかったことについて)何も心を痛めるものはなかった。夜の初めにも、その日一日が(改心もなく)過ぎ去ることに、心を痛めるものはなかった。私の病はそれほどであったのだ。今は元気の気風が戻り、痛みも感じるし、健康が回復したのだ。何と恩恵の偉大なことか、私に元気をお恵み下さい。」。(七二―七六頁)

＊知識ある人のアッラーから遠いこと

知識人が信仰との関連で批判されることは少なくなかったようです。知識の余り、アッラーを畏れることを失念しているという指摘が中心でした。当時このようなことを随筆に書いているというのは、狭い意味の学者優先の時代状況だったのでしょう。

何と言っても驚かされるのは、アッラーを知っていると言いつつ、遥かにそれから離れている人がいることだ。本当に、アッラーに畏れを持つ人しかアッラーを知ることはできず、のほほんとしている人はアッラーを知らない人ということになる。禁欲者には不注意な人たちもいて、彼らは、自分は好かれていて受け入れてもらえると確信しているのである。しかし恩寵が続くと、それを彼らは栄誉と考えるかもしれないし、他方彼らは、それらの恩寵をなきものとするかのように、徐々にそれらと共存することを忘れてしまう（恩寵の軽視は罪となる）。
あるいは、他の人を馬鹿にして自分の地位は保障されていると考える一方、行った礼拝や儀礼で騙されるかも知れない（それをしたから盤石だと考える）。または、自分は高尚な人間だと考え、他の誰もその高い地位を得られるものではないと考えるかも知れない。

……

どれほど多くの演説家が輩出し、自分ほどの者が他にいるかと思うだろうが、しかしもう少し長生きをしていたら、さらに流暢な演説家が出て来るので、自分は口がきけない男のように思えたであろう。イブン・アルサムマーク（一〇世紀、イラクの預言者伝承学者）やイブン・アンマール（一一世紀、アンダルシアの詩人）やイブン・マスウード（七世紀、教友の一人）の説教は、われわれの生徒には不向きであるし喜ばれないだろう。自分の後から来る人がつまらないと思うようなものに、大金を支払う気はしないものである。

アッラーにかけて、その土地の支配者に関係なく、住むところに気を付けるように（真の支配者はアッラーであること）。そして覚めている人には、儀礼の多くを軽視するような混乱にもかかわらず、有為変転と今後の運命の余波を恐れて注意させよう。こういった事柄は、驚きの首（根源）を叩くもので、高慢な人の高慢さを除去させるものである。
（七七―七九頁）

＊年取る前に若い時代を有益に使うこと

私は、目の前の（学生に対する）教育よりも、著述の方が利益は大きいという正当な見解に頭を巡らせた。なぜなら、生涯を通じて限られた数の学生と会うこととなるが、他方著述を通じては、先々も無限の数の人々に会うからである。

その証拠に、人びとは昔の著述からの方が、今の長老たちからよりも多くのことが学べるのである。だから学者たちは、有益なものが書ける以上は、出来る限り多くの著述をすべきである。ただ書から得たものすべてが有益でもなければ、単に諸事を集めただけというほどでもないものもある。

（有益な著述は）アッラーが僕の中からお望みの者に対して示される秘密を著すことができるときに、可能になるものである。そしてばらばらであったものを集めて整序立て、あやふやだったところを明確にすることで、有益な著述となる。

人は生涯の中央において、著述の機会を活用すべきだ。若年の間は、吸収するばかりで、年老いてからは諸器官が弱わる。ただし年齢の考え方は、理解と理性についてはうまく行かないかもしれない。見えないことは分からないので、それについては多くの慣習に従うことになるかもしれない。そこで、吸収し、記憶して、作業するのは四〇才までで、その後からが著述と教育の年齢ということになる。だがそれもその人が望んだように、収集と記憶が進めばということだ。アッラーの支援が得られれば、という前提である。しかも本がないとか、幼年のころ意欲がなかったとか、十分に蓄積できない場合は、著述の開始時期は五〇才になってからとなる。

五〇才から六〇才の初めくらいまでは著述と教育をして、六〇才を越えたら教育やハディース学講話を盛んにし、さらに重要事項があれば七〇才初め頃まで著述をすればいい。そして七〇才からは自然に任せて、来世のことを思い、死去に備えるのである。それは自分のためにするのであり、他には報奨のための教育であるとか、自分が必要とするような著述をすればいい。そうすることは来世への最高の方途となるだろう。

その人は自らを清め、性格を直し、欠点を徹底的に埋めて、ここに述べたことをすることで（現世から）離れることができれば、信者としては行為よりも善意の方が重要になる。これで私は、全ての段階について説明したことになる。

スフヤーン・アルサウリー（七七八年没、クーファの禁欲主義者）は言った。預言者ムハンマドの年齢に達したなら、その人は自分の死の装束をまとうべきだ、と。学者の一団が、七七才に達した。その中には、アフマド・イブン・ハンバル（前出）もいた。そうなればもうそれは、墓の入り口に立っているようなものだ。毎日は、追加の賞与のようなものである。

八〇才も終わることには、自分の性格の浄化に努めて、旅の糧を準備して、アッラーへのお赦し祈願を友として、唱念を常にし、自己評価を厳密にし、知識の流布に努めるべきである。そして人々と親しくすることも必要だ。

つまり軍のパレードが近づけば、それへの障害物に気を付けなければいけないということである。それから最大限、死去の前には自分の影響力を残すべく、例えば知識を広め、書籍を配布し資金を寄付したりするのだ。こうしておけば、アッラーはお望みのままに、知恵を授け、または非難されるのだ。だからわれわれは、アッラーのお眼鏡にかなうというお恵みに授かり、遠ざけられるということがないように嘆願する。アッラーは本当に、近くにおられて、祈願にお答えになるお方である。(一五七―一六〇頁)

エ．イブン・タイミーヤの警告

＊神と同列に並置すること(シルク)に終止符を打つ

高徳な人を敬うばかりか、聖者として神聖視しその墓参りをすることは、シルクに相当します。このような聖者の墓参と神秘主義の禁止が、二〇世紀のサウジアラビア建国の思想を提供したワッハーブ運動の原点となりました。その歴史的な原点が、中世の一三世紀に見られるということです[59]。

（要約）アラブ人は聖者を神聖視してシルクの諸例を犯してきたが、他には天体を崇め、あるいは悪魔や天使を崇める民族もあった。その像を作って、崇拝するなどとは論外である。預言者はアラブ人の聖者墓参を明確に禁止した。また星座信仰も禁じた。またそれは最後の審判で、最も厳しく裁かれるとも説いておられた。そしてユダヤ教徒とキリスト教徒たちは、祈るために墓の側に教会さえ設けることもあったが、それはもちろん論外であった。それは預言者伝承としてムスリムやアブー・バクルの伝承集だけではなく、アブー・ダーウードやマーリクの残した伝承集にも掲載されている。ウマル（六四四年没、第二代正統カリフ）は多くの墓を破壊したし、また預言者がマッカ入城のための交渉を成立させた近郊フダイビーヤの地にあった樹木（それは桜の木と言われ、近くに桜マスジドと呼ばれる礼拝所があった）を人びとが崇め始めたので伐採させた。要するに、マディーナにある預言者マスジドの建設に当たっては、それ以前からあった多数の墓を破壊して、また樹木も伐採した。そしてその土地を均して、分からないように整地してからその上に建設したのであった。

ただしウマルの息子は預言者ムハンマドの足跡を辿ろうとして、同じ道を行き、同じ所で礼拝をするようなことをしていた。しかしその事例は、彼以外の初期の教友は避けていたのであった。その理由は明白である。預言者に従うとは、同じ方法で、また同じ理由で行うということである。特定の地点で礼拝やその他の儀礼を（預言者が）実施したとすると、それに倣うことは預言者に従うことになる。しかし（預言者が）その場所においてある儀礼を実施しようと意図していなかったのであれば、（その預言者の行為は偶然であり）それを真似ることは従うのではなく、むしろ（真意に対して）逆に背いていることになるのだ。

＊服従の限界

預言者以外に無欠の指導者はいないとして、アッラーとの仲介者（シーア派の指導者）や神秘主義者の主張を拒否しています。蒙古軍の襲来以降は、シーア派の勢力が強まった点が、イブン・アルジャウズィーの時代と大きく異なっていることとして注目されます。

（要約）（クルアーンに言う）「信仰する人たちよ、アッラーに従いなさい。また使徒と、あなた方の中の権能をもつ人たちに従いなさい。あなた方の間で異論があれば、アッラーと使徒にそれ（事案）を戻しなさい。もしアッラーと最後の日を信じるのなら。そうすることは（結局）最も善く、最も妥当なのです。」（四：五九）。神は啓典において、アッラーと預言者に従う人には幸せを保障し、不服従は悲惨さを招くと、幾度も確実に明言された。

神に従うにしても、どうすればいいかは預言者を通してしか知ることはできない。あるいは、神の言葉に基づいて指導する預言者の代行として語る人の言うことも、それに当たる。また学識者、宗教指導者や政治指導者、軍事指導者なども、それに当たる。しかしいつも無欠な指導者を立てようとするシーア派は、それには当らない。無欠なのは預言者に限られたことである。……

資格のない人に従うことを求める過激な神秘主義者の指導者たちも、無欠ではない。……彼らもシーア派同様に、神性を認めるほどに、無欠さを主張するのである。信仰として指導しようとしていない人たちには、従うべきではない。

預言者の教えを知り、それに基づくべきである。それが弱まると宗教の衰えとなるのである。そうなると(イスラーム共同体では)新たな唱導や(それ以外の共同体では)新たな預言者が必要となる。これは非常に重要なポイントで、熟慮すべきだ。哲学者、神学者、神秘主義者たちは比喩や推論や神秘的経験を全体的な原理に高め、あるいは、預言者の言葉と同列にするが、それは特定の人物を取り上げて無条件に服従するようなものである。そのような無条件の服従は、預言者に対してのみであるを知るべきである。

＊ジハード論

一般論としては、ジハードは受験勉学や出産など、格別の労苦と尽力を払うことを指しています。最近は、イブン・タイミーヤが過激な主張をしたかのように言われがちです。しかしシルクに関する見解と異なり、彼のジハード論は多数の意見を踏襲した内容となっており、急進派が二〇世紀世界を震わせた議論よりははるかに穏当であることが注目されます。

(要約)クルアーンや預言者伝承には、ジハードに言及したものは多数ある。例としては、

「（たとえ巡礼のときであっても）かれら（信者を攻撃する人）に出会えば、どこでもかれらを殺しなさい。そして、かれらがあなた方を追い出したところから、かれらを追い出しなさい。本当に迫害（イスラームへの敵対行為）は殺害よりも深刻で、禁忌のあるマスジド近くでは、かれらがあなた方を攻撃するまでは殺してはいけません。そしてかれらがあなた方を攻撃するなら、かれらを殺しなさい。これは非信者に対する報いです。ただし、かれらが止めるなら、アッラーはよく赦すお方で、慈悲深いお方なのです。迫害がなくなり、アッラーに信奉できるようになるまで、かれらに対して戦いなさい。ただし、かれらが止めるなら、不正を行なう者以外には敵意を持ってはいけません。」（二：一九一―一九三）他にも、二二：三九―四一、四七：二〇―二二などが挙げられる。

迫害する者は排除しろと言う趣旨であり、それは信奉する者として義務ではなく、権利である。そしてそれが最良の行いである理由としては、その功徳は巡礼などよりも大きく、現世と来世に渡って万人に裨益するのである。またジハードの効用は愛情、誠実さ、犠牲、忍耐、アッラーの覚知など、多数の徳目すべてを包括しているからである。

（ムスリムの場合）義務的ではない儀礼を遂行しない場合、例えば追加的で任意の礼拝や喜捨をしない人にジハードをすべきかどうか、あるいは異端者に対してはどうか、といった場合に関しては様々な伝承が残されている。しかし直ちに戦闘に結びつくものではない。義務的な儀礼遂行を妨げるような場合は、相手になぜ戦闘に及ぶかを知らせた後に、開始すべきである（非ムスリムの場合が大半と想定される）。もちろん相手側から開始すれば、それには応戦することとなる。

ジハードで報奨を期待できるのは、参戦した人である。「信者の中で、障害もないのに（家に）とどまっている人と、自らの財産と命を捧げて、アッラーの道において奮闘する人とは、同じではありません。アッラーは財産と命を捧げて奮闘する人に、とどまっている人よりも、一段と高い位階を与えました。（こうして）アッラーはすべて（の信者）に最善の報奨を約束しましたが、（他方）アッラーは奮闘する人には、とどまっている人よりも、巨大な報奨を与えられるのです。」（四：九五）

（三）現代の挑戦

いよいよ現代に移ります。ここでは二〇世紀エジプトのイスラーム思想家であった、アフマド・アミーン（一八五六年—一九五四年）の見解を主として見ることにします。多くの思索を随筆で残したので、その系譜を辿ることができます（以下、彼の引用は前出『現代イスラームの徒然草』より）。また最後に、彼の息子フサイン・アミーン（一九三二年—二〇一四年）の論考も、父親に対する追加として参考にすることとします。

両者共、文明的な劣等感は拭えないが、精神面の固有の価値に着目して、その中核としてのイスラームの信仰とアッラーの意図の真髄を揺るがせにできないという点は共有されています。このような文明的な劣等感と、精神論的な自負心の間を揺れ動くというのが、アラブ・イスラーム世界として率直なところでしょう。

ア．科学の挑戦

自然科学の発達は、他の主要宗教と同様にイスラームにとっても大きな挑戦でした。しかしキリスト教のように進化論が神の創造と衝突したといった、絵にかいたような正面衝突ではなく、何となくすれ違いのような鈍い対抗関係でした。進化論がアッラーの創造と合致しないことは明らかではあっても、そのような進化のあり方自体は主の創られたものだという理解もすぐに成り立ったからです。また伝統的に科学や学問は理性の働きとして、まさしくクルアーンでもそれは奨励されるものでした。それの行くつくところまで進んだ後に、神が存在するという理解です。

＊人と霊性

人間には様々な能力があるのであり、理性やその知的方法はその一部に過ぎない。前世紀(一九世紀)の西洋の間違いは、他の能力を顧みないで科学だけを強化したことである。西洋の書籍で面白い表現を見たことがある。「科学は進歩を急ぎすぎて、心を何段階か通り過ぎてしまった。だから科学にしばらく休暇を与えて、心がそれに気づくのを待たねばならないのだ。」科学は確かに物質の最奥まで侵入できた。そして世界を裸にして、透明で明瞭にした。その立場から、多くの諸法則を従わせた。そしてそれはそれとして大変結構であった。

ところが同時に人間の生活を極めて人造的で表面的なものにしてしまった。速度、性急さ、そして機械や道具である。そして耳を得たが、目を失ったのだ。両方を獲得しても何の害があるだろうか。そこでこの混雑と速度の中で失った人の精神を更新し、休息と安静を一時間でも楽しめるならば、そこには自然と世界とそれら両者の主が恵みを垂れることとなるだろう。(七四―七六頁)

＊宗教の弱体化

世間を最も騒がせたのは、コペルニクスの地動説であった。それで物事の価値観が逆転されたのだ。地球は全存在の中心で、太陽や星々はその周りをまわっているのだ、ということは、星々は地球のために創造されて、地球は人間のために創造されたと考えられていた。そこで全世界は人間の手段であり、快楽であった。そこへコペルニクスの見解が登場して、地球とその上の全てはつまらない些末な存在ということになった。それは人間の利己主義と自分を偉大と見なすことを打破したのであった。他方宗教人は、それが教えに反するというので拒否した。

次いで登場したのが、ダーウィンであった。かれは人間の偉大さの感覚に終止符を打った。連続した遺伝で説明し、人間はそれ自体で創造されたのではないというのであった。世界は鉱物、動植物、そして人間から構成されており、それらは互いに連結されており、また進化するとして、人の持っていた世界観を変貌させた。人間観も変わった。環境と生存競争、弱肉強食や適者生存などの原理が生物をより高度にするという機械的な見地が世界を闊歩《かっぽ》して、世界は自らの力で製造するという宗教の経典に反する内容となったのであった。

ダーウィンの学説の後、天文学に続いて地質学が出てきて、地球は太陽から分離されたものだと言い始めた。そのために地層を調査したのだが、その種類は連続して変化し、それが形成されてまた生活に適したものとなるために、何百万年もかかったというのだ。さらに生物学が発達した。そしてこれらすべての宗教への影響は大きかったし、少なくともその表現振りへの影響は甚大であった。（一〇五―一〇六頁）

＊科学唯一主義ではないこと

ところが宗教者に間違いがあったように、科学者にも間違いがあった。科学者は(科学への)信仰を過剰にしつつ科学の法則を振り回したが、それ自身時間はかかるとしても、常に変更を余儀なくさせられるものである。科学的法則とはいつも事実と見なされる諸原理に基づいて構築される。しかしこれらの諸原理自身が間違いを免れず、その間違いに従って成り立っている法則にも間違いが生じてくるのだ。そこで新事実や新たな原理の発見に伴って、それまでは受け入れられていた事実を消去したり、修正したり、あるいは向上させたりするのである。

こうして科学は常に継続される運動であり、変更の継続なのである。科学者は視野を広くしなければいけないし、胸襟を開いて新発見されるすべてを受け入れなければいけない。正しいことは、正しいとしなければいけない。見解は改め、真実への信頼も修正を余儀なくさせられる。時には基礎的な発見があれば、それは大きな影響を与えることになるが、諸見解や諸原理に変更を迫るものもあるだろう。部分的な発見で、部分的な影響しかない場合もある。これが科学の歴史であり、原理は永遠の事実であるとするのは過剰な信仰であるということになる。それはテキストを硬化させた宗教家の間違いと同じような暴行である。

もっとひどい科学者の間違いは、観察、実験、そして証拠という手法は唯一なものであると考えたことである。世界の全ては科学で解決され、科学の方法に則ると考えた。確かにその手法によって正しく世界の車輪に向かうことはできるかもしれないが、しかしそのエンジンには迫れないのだ。思考を詳細にして深める人は、その研究を車輪という物質で止めずに、その背後にあるものに迫るのだ。

科学は物質には正しい手法であるとしても、非物質に対してはだめだ。全体的には正しいとしても、正しい手法として唯一ではない。観察や実験を収集して判断し決定するのも真実への理性的な方途の一つである。しかしそれ以外にも方法があり、それによっても真実に導かれるのである。（一〇八―一〇九頁）

＊理性と感性

世界の真実にできる限り深く迫ろうとするのであれば、われわれは持てるすべての能力を駆使すべきである。われわれ人間は理性力だけではない。感性もあれば、意志力もある。それらも知見（マアリファ）の方法である。神秘主義者は論理を使った結果を知識（イルム）と呼んで、感性、嗜好、顕示（カシュフ）で得た結果は、知見（マアリファ）と呼んでいるのは、正鵠《せいこく》を得ていると言えよう。前者の人を識者（アーリム）と言って、後者は知者（アーリフ）と呼ぶのである。

人は理性と知識だけではなく、感情の産物でもあるので、それが生活や行動全体を支配していることが確認されている。理性と感情に動かされており、それで自然であり天賦の能力に従っているのである。要するに、人は理性と感性の双方で認識し、判断しているということになる。そのための方法に従うのであって、その人にとってはそれ以外にはないのだ。優れた科学者の中には、理性で知識の世界を縦横に活動して、その後は感性と信仰に任せて、それも十分に活躍させることができる人もいた。そして知識から吸収し、感性や信仰が理性を妨げることがないようにしつつ、それも活用して、知識の狭さを矯正したのであった。またその慢心を抑えるのにも役立てることができた。

心理学者たちが人の心理的な統合に関して何と言おうが、感性が求める以外にも理性、そして意思が求めるものもある。こういった能力は人々に驚くほど様々に配分されている。意思は強くても理性が弱い人、理性が強くても感性に欠ける人、理性も感性も強い人などである。昔から、理性は頭、感性は心で代表されてきた。頭が強ければ科学的で、心が強ければ情緒的、芸術的、宗教的ということになる。世界にはこれらの能力すべてに対応した領域があるのであれば、理性だけで世界の真実を求めるのは誤りだし、全能力はそれぞれの専門分野で活用するのが妥当である。われわれの感性だけで感じ取る世界もあるように。（一一一—一一二頁）

＊生命科学の遅れ

前世紀は科学がどの分野でも長足の進歩を遂げた。生物、化学、心理学、社会学、産業関連などである。ところが「生命理論」の方面では、ほとんど進歩はなかった。そして不毛で野蛮な所で驚いている一人の可愛い子供を描いた画家の凄い絵画は、回答もなく変わりないのだ。その下の方には、次の質問が書かれていた。一体何か？　どこから来たのか？　そしてどこへ行くのか？

医薬学、解剖学や外科手術などは進歩した。そして、電話、写真、ラジオ、電気製品などがある。しかし最大の驚きだが、生命科学はそのままだ。死や生である。科学はそのさまざまな武器を使っても、まだそれほど進歩していない。発明された品々はどれほど巨大で、そして繊細で、複雑でも、魂のない機械に過ぎないのだ。ちょうどそれは、どれほど美しい銅像であったとしても、ピグマリオーンが命を吹き込んでほしいと神に願った銅像に過ぎないのである。そして小さなハエがどうして生きているのかというほどには、巨大な機械も人を驚かすことはないのである。また巨大な機械も、その操作と監督には、生きた理性を必要としているのである。

生命とは何か？　それはどこから来て、どこへ行くのか？　科学は少しも教えてくれない。生命の成長は腹の暗闇に包まれて、その終わりは墓の暗闇に包まれている。命はそれら二つの暗闇の間にある灯である。二つの夜の間の、昼である。どれほどに物理学者や化学者が集まっても、細胞の命を復活させることはできない。クルアーンに言う。「本当にあなた方がアッラーを差し置いて祈るものたちは、たとえかれらが束になっても、一匹のハエも創れません。」（二二：七三）（一六一―一六二頁）

＊新たな関係

最後になるが、最近では宗教と科学の関係者間で、喜ばしい進展がみられる。それは科学には自由にできる世界があり、そこには（新たな視点だが）理性や精神も含まれる自然の物質世界があるということであり、それには宗教人も口出しできないとされるのである。他方宗教にも自分の世界があり、それは科学が口出しできないような魂や神に関する世界である。そして科学者の描く地図は、その中心も視野も、宗教人が描くそれとは異なっているのである。

『科学はどこへ行くのか』（一九三二年出版）という本を著したマックス・プランク（一九四七年没、ドイツの物理学者、量子論の父とされノーベル賞受賞）という著名な科学者は、科学と宗教の間には本当の衝突はないと言った。それどころか、一方は他方を生かして支持しており、真剣に考える人は、宗教はその人の心の奥深くに植え付けられていることを感じ取るのである。その宗教的な要素は、大切に育てられて向上させねばならないのは、それ以外の人間的な諸要素と同じである。そうして様々な要素は均衡が取られて調和させられるのである。

歴史上の偉大な思想家の心深くには、宗教性が秘められていたのは、偶然ではない。それは人前に見せびらかすものではない。そして理性と宗教の間の協力によって、哲学の最美の結果が生み出されたが、それが倫理道徳である。科学は生命の倫理道徳的な価値を、真実を愛して尊敬することを支援することで高めたのだ。つまり前者の真実愛に関して言えば、物質世界とその周辺の理知的世界の知識への継続的な愛情を示したということである。後者の真実への尊敬が強まったということであるが、それは科学知識の前進がある度に、われわれは人間という曖昧な存在に正面から直面しなければいけなくなったということである。（一六八―一六九頁）

イ．欧米文明の挑戦

現代社会のイスラームに対する挑戦は、自然科学の発達を初めとした、欧米文明全体の優越性でした。その感情は日本から見ても理解が容易な面と、被植民地の経験のない日本からは理解困難な面があります。イスラーム諸国の大半は、植民地主義の餌食となり、それからの脱却ということがまずは大問題だったのです。ところが中世の時代は、世界文明の中心はイスラームにあったという事実もあります。このギャップが、イスラームの何が悪かったのかという反省を強いることとなるのです。いわば、二重苦の構造です。複合骨折の状態を念頭に置く必要があります。

＊東洋の精神主義

精神主義に関して言えば、物質だけで世界に生起していることを説明することはできないのである。それは、非物質的なものの存在を語ることでしか説明できないのだ。この物質の裏側の精神的なものについてである。思想や理性の現象は、決して物質的な脳味噌の結果ではない。本当に脳味噌は思考の器具ではあるが、個性や意思の自由を感じる人間の思索が、感触もなく感覚もない物質の結果であるというのは、不可能である。その物質がどれほど高度に発達していても、またどれほど立派なシステムであっても、変わりないのである。

人の行為、存在するものの現象、賢明さと馬鹿々々しさ、慣れたことや不慣れなことが起こること、貧富、運命で定められた生死などなど、説明が物質面とその動向に限られるならば、それは決して説得的にはならないのである。そこには精神的なものが不可欠となる。精神、アッラー、あの世のことなど、精神世界を物質世界の他に信仰することは、精神主義の一番明瞭な特性になっている。

この種の見解が東洋では支配的なのである。原因が説明されない直観であるとか、同様に説明されない論理を信じるということである。一方、物質的な流儀では、因果関係や理由と結論、そし前提条件と帰結の関係を信じるのである。

東洋の人は、一般的には勘定に精神世界と物質世界の両面を算入することが多い。善悪を通じて運命を信じ、死後もその以前も計算に入れるのである。もし幸福を求めるならば、それは信仰の側面と自己改革の側面について、外部条件の改革よりも多く要望するのである。取引するにも物的な経済的基礎ではなく、そこにはアッラーなどの関係する大きな側面があるという理解に従って、それを構築するのである。慈善行為をするときには、詳細な計算はしないで、自問するのは、物質世界での収穫は何かではなくて、主と自分を喜ばせたかもしれないという思いが喜ばしいのである。道徳的な判断でも現実世界でのそれに限らず、現世と来世の結果を同時に勘案する。それだから、原則は、「カイサル（シーザー）のものはカイサルに、アッラーのものはアッラーに」（返す）ということ、すなわち、どんな行為にも、カイサルのものもあれば、アッラーのものもあるということである。

人によっては精神主義が圧倒してしまって、その結果として、神秘主義者や崇拝に明け暮れた隠遁生活をする人たちがいる。また隔離礼拝所（ハーン）の制度もできた。これが広く流布していて、またそれが発生したのも、東洋であった。（二一四―二一五頁）

＊西洋の物質主義

私は西洋に精神主義が、そして東洋に物質主義が全くないと言っているのではない。精神の純粋さや確信の力や精神の天秤で行為を評価することなど、西洋でも東洋の精神主義者を上回る人もいる。同様に、物の評価に没頭し、行為の評価はその物的な評価に終始し、東洋にも西洋の物質主義を上回る人もいる。しかしこの種の判断は、大半の多数を取るのであり、少数の珍しい方を取るものではない。

また私は、西洋に宗教がないとは言わないし、実際それは多数あり、細かな制度もある。豪華な教会であるとか、偉大な寺院であるとか。しかし私の見るところ、西洋の宗教の見方は、一般的には、東洋のそれとは異なっている。この違いの主因は、二つある。一つは、西洋では宗教を社会制度として見がちであること、もう一つは西洋では東洋ほどには宗教は何事にも介入する訳ではないということである

以上が私の見るところの、物質主義と精神主義である。説明した意味での物質主義は、西洋で見られる豊かな科学、溢れんばかりの感情、多くの犠牲といったものと合致しているのである。しかしそのことは、物質主義が西洋を染めてしまったということを否定するわけではなく、それは説明した意味での東洋の精神主義とは異なっているのである。

西洋は東洋を襲撃するのに、刀や大砲や飛行機でするのみならず、それを文明や生命

の見方でも実施したのであった。当然ながら、東洋の軍備は西洋のそれに壊滅的打撃を被ったので、人生観も西洋の方が優れていると思ったのであろう。文明も例外ではない。そこでそれに服従することに決めたのだ。そして西洋の命じるままに進んで行き、胸襟を開き従順になった。そして伝授されてきた東洋の精神主義を、西洋の物質主義に売却してしまったのであった。但しその取引は、まだ完了していないが。

さてこの西洋の物質文明だけが世界を支配し、唯一の文明となる方が良いのか、もしくは東洋の精神文明も保持されて、その上に新文明を構築して、世界に二色ある方が良いのかどうか。西洋式の物質色と東洋式の精神色の双方が存続する方が良いのかどうか。そしてその後は、心と体が協力するように、二つの文明が協力する方が良いのかどうか、こういったことはまた機会を改めて論じるテーマである。（二一六―二一七頁）

＊科学精神について

東洋が必要としているのは、個人であれ社会であれ、科学精神が広まることである。そうすれば国のあらゆる部署において、深刻な変革が生じるであろう。母親は子弟を教育するのに科学を用い、農業、金融、政治、社会事業など多方面の影響が見込まれる。そこには戯言《ざれごと》や幻想や旧弊や古い伝統の出番はない。議会での混乱もなくなり、そこでの無益な長広舌も終わりだ。結論も得られない演説などは、科学精神の欠如以外何物でもない。その精神の最大のメリットは、論理に従い、相互理解への準備があるということだ。

この科学精神が流布するためには、研究手法が科学的となることが必要である。それぞれにおいて、生物学や化学などを身に着けるということ。そして農業、工業、商業の学校に科学を導入する必要がある。国民の間では、科学的な民衆文化が広まり、その目で確かめるために彼らの目前で実験も行われ、それに信用を置くことである。そうして行けば、絵空事のような信条ではなく、科学的信条が代わりに登場するだろう。そして産業、農業、職業訓練などに従事する人たち全員が頼りにできる、一大研究機関が登場することであろう。そこでは人々は様々に指導を仰ぎ、また逆に彼らにその機関は助言を授けることであろう。いずれにしても東洋の諸国には、こういった基礎の上に文明を構築しなければ、希望はないのである。(二二二—二二三頁)

＊ムスリムの自省

以下は、息子フサインの主張になります。

ムスリムの後進性と没落について、自らが完全に責任を負わねばならないところを列記しよう。

・商業と産業を害する内部的な統治の失敗と軍事競争。

・イブン・タイミーヤ、イブン・カイイム・アルジャウズィーヤ(一三五〇年没、イブン・タイミーヤの高弟）、アルアフガーニー（一八九七年没、イスラーム世界を席巻した著名な活動家）、アフマド・アミーンなどのムスリム思想家たちの改革努力にもかかわらず、イジュティハード（新たな法解釈）の扉が閉められたとされ、ウラマーたちが民衆から離れたこと。

・刷新は異端であり、変更への呼びかけは反乱であり、新たな発展は固定したルーティーンの無秩序な中断であり、慣れ親しんだ生活からの不愉快な離脱であるとの固定観念に固執したこと。

・知的停滞と伝統的な知識と近代的なそれとの分離。イスラーム法学者（ファキーフ）は見下され、脳足らずで馬鹿の代名詞（フィキー）となったほどだ。

・時の流れに関係なく、預言者伝承は不変で免疫があり、すべてのイスラーム社会に適用可能とされた。新しい政治的社会的状況に適用するために、多くの言葉が預言者のものとされた。こうして伝承は捏造された。

・ウラマーたちが社会生活から乖離し実際的でなくなればなるほど、民衆は神秘主義に流れた。他方で教育を受けた人たちは、その近代的需要を満たすために西洋に流れることとなった。

・一〇世紀以降は、神秘主義は崩壊し始め、その創造的時代は終わった。その倫理観が、政治の専制と強制的服従を容易にさせた。

・外来の信仰がイスラームに混入した。特に聖者信仰は問題だ。イスラームにおけるあらゆる革命の動きは宗教色を帯びて、当該の宗派によるクルアーンの再解釈と預言者伝承の捏造を伴った。

・ウラマーたちが言うように、結局のところアラブの歴史家たち全員が歴史叙述の目的は、イスラームの教えを伝教し道徳的教訓をするためであるとする。しかしこのような態度が、過去を表面的に美化し正当化されない郷愁の原因となった。

・日本人のようには、ムスリムは西洋から生産性、科学的精神、建設意欲を学ばずに、ただ消費、ファッション、最低レベルの娯楽を身に着けただけである。(60)

＊アッラーの意思

彼（息子フサイン）は、信仰は「悲しいムスリム」の慰めとなり、喜びと幸せの源泉になると言い、以下の通り主張する。

現代は預言者ムハンマドの時代と同様に、イスラーム伝播に適切な時代であるが、そのためには二つの条件を満たさなければならない。まずイスラームは世界の中で孤立すべきではなく、多元主義も許容しつつそのような共同体に参画すべきである。第二には、ギリシアから学んだ時のように、ムスリムはもっとその伝統に自信を持つべきである。それらの過程で人は長年の間に蓄積された塵芥を除去しつつイスラームの精神を充実させれば。それがアッラーの意図である以上結局歴史の流れと軌を一にし、最高の羅針盤となるであろう。しかしそのような膨大な仕事は、偉大な思想家の出現を待たねばならない。（八三―八四頁）

変貌するこの世の事柄の中に、不変のアッラーの意思の真髄を見出すことが重要である。一九世紀以来、西欧の法律を多数採用してきたこと自体、イスラーム法（シャリーア）の不備を物語っている。それは植民地主義のせいばかりではない。子供の服は最早大人には合わなくなったという諺どおりである。（一〇八頁）

フサインは、真の発展に向けて二つの条件があるとした。一つは発展努力を歴史と伝統に基礎付けるということである。もう一つは、来るべき将来との関連で遺産と伝統を見直す必要を認めるということである。もちろんこれらの努力を通じて、イスラームが重要な役割を果たすとして上で、現在、イスラームを取り巻く状況は、イスラームが生まれた七世紀と酷似していることを指摘する。イスラーム以前のいわゆるジャーヒリーヤ時代に見られた諸条件と似ているものとしては、次のようなものがある。

（一）世界が小さな村になりつつある現代において、イスラーム社会は世界で孤立することは許されない。

（二）イスラームの自信と東洋の遺産の復興は必須である。

（三）篤信振りは日々の言動によって明らかとなる。同様に、われわれの社会がイスラーム化するのは、憲法にどう書かれているかとか、何らかのイスラーム上の法律を制定するからそうなるのではないのだ。それは、イスラームの精神を十全に取り入れることによる。

（四）最も崇高な神の意思を理解する必要があるとは、どういうことかをわれわれは知っている。それは歴史の進展の道のりに則ることであると同時に、信者が帰依するということでもある。

こういった諸条件はいつでもどこでも見出せるものではなく、このタイミングを活用して社会悪を追放し、社会を正しい方向へ導くことが一番重要である、とフサインは強調している。[62]」（一三八―一四〇頁）

＊＊＊＊

以上、アミーン父子ともに現代欧米文明に押されながらも何とかイスラームの固有の精神的な価値の堅持を訴えていました。信仰の中核は不動の羅針盤として、今後とも十分に有効であり、それは人間にとって唯一であり、他で代替できるものではないという点が共通しています。同時にその訴えは具体的でないだけに、反撃の道具としては即効性に欠けている点も共通しています。しかしこの弱点が弱点として両人にあまり意識されなかった理由は、本当に彼らの念頭にあるイスラームは世界二分割的に物に対する精神というよりは、宇宙全体であり、死生全体を包括する総合的で高次元な哲理としてのイスラームだったからだろうと理解されます。

【註】

(56) 前出『日訳　サヒーフ　ムスリム』第一巻、四四頁。訳文は適宜調整した。
(57) 前出『日訳　サヒーフ　ムスリム』第一巻、二八頁。
(58) 以下の幾多の引用は、前出イブン・アルジャウズィー著『黄金期イスラームの徒然草』より摘出。
(59) 『イブン・タイミーヤの講釈』ムハンマド・アブドルハック・アンサーリー編訳、イマーム・ムハンマド・ビン・サウード大学、リヤード、二〇〇〇年。（英語）以下の三件の要約は、同著二一三—二一七頁、五一六—五一九頁、五四〇—五四八頁。
(60) フサイン・アミーン「ムスリム共同体の危険な現状」、季刊エルサレム、四二、一九八七年春。一九—三七頁。（英語）
(61) 前出拙著『イスラーム現代思想の継承と発展—エジプトの自由主義』より引用。
(62) ただしこの引用の元の出典は、フサイン・アミーン『悲しいムスリムのガイド』カイロ、一九八三年。一七一—一七二頁。（アラビア語）

五、信仰と科学

(一) 死生学と信仰

島薗 進

死生学の成立

死生学は二〇世紀の後半に形をなしてきた学問領域で、医療と深い関わりがあります。医療は人を治療し、健康な生を回復するための科学に基づく実践と理解されてきました。しかし、実際には治らない病気の人のケア、死へ向かっていく人のケアも医療の領域です。近代医学で教えるのは、いかに健康を回復するか、健康を維持するかの科学的知識でした。しかし、治らない人のケア、さらには死にゆく人のケアも医療の向き合うべき領域であることが次第に自覚されるようになってきました。

これには、がんが死因として大きな要素を占めることが認識されるようになったことが関わっています。がんが進行するとやがて、回復は不可能ということがわかる段階に至ります。そこで痛みをとる緩和ケアが重要になってきます。しかし、身体的な痛みをとるだけでなく、心理的、社会的、さらにはスピリチュアルな痛みのケアも必要と考えられるようになりました。そこで、ホスピスケアが重要な課題として認識されるようになります。

そこでは、死とは何か、死にどう向き合うか、人類は死にどう向き合ってきたか、死への恐れや死に向き合うことから生じる痛みはどのようなものか、現代において死を前にして生じる痛みにどう向き合うかといった課題を浮上させます。こうした領域を学ぶ学問領域として死生学が育ってきます。英語では死生学をdeath studiesとかthanatologyといいますが、一九六〇年代に成立してきます。

死にゆく人や死別の悲嘆に苦しむ人をケアする実践的領域では、シシリー・ソンダースやエリザベス・キュブラー・ロスといった人がよく知られています。シシリー・ソンダースは現代の医療が死にゆく人にしっかり向き合っていないことに問題があると感じ、ソーシャル・ワーカー、看護師を経て医師になり、一九六七年にロンドンに聖クリストファーホスピスを開設するのに貢献しました。現代ホスピス運動の創始者ともみなされている人物です。

キュブラー・ロスの『死ぬ瞬間』

一九六九年に刊行されたキュブラー・ロスの『死ぬ瞬間』は英語の原題は、『死と死の過程について』(On Death and Dying) というもので、死を前にした患者さんたちにその気持ちを話してもらったものです。キュブラー・ロスはスイス出身のアメリカの精神科医ですが、死を前にした患者さんがその気持ちを表に出して語ることが、患者さんの死への心の準備にも役立つとの信念のもとに行われました。

これに対して、聖職者なら分かるが、医師が研究のためにそのようなことをするのは患者の尊厳を脅かすものだという批判の声も上がりました。しかし、この書物によって、多くの医療関係者は、これまで死を前にした人々の心のうちを無視、ないし軽視してケアをしようとして来たことを自覚せざるをえませんでした。この本には、否認、怒り、取り引き、抑うつ、受容という五段階を経て死への向かっていくという、死にゆく人の心理の段階論が示されています。この段階論は、その後、さまざまに批判されてきていますが、死にゆく人の心を理解しケアする上で、この書が大きな助けになったことは確かです。とくに死から目を背ける現代文化への批判の書として大きな影響力をもちました。

死生観の歴史と現代人

他方、死生観の歴史と現代の課題といった方面では、一九六五年に書かれたジェフリー・ゴーラーの『死と悲しみの社会学』（*Death, Grief, and Mourning in Contemporary Britain*）は、近親など親しい人の死別を経験した現代人のなかに、死をどう受け止めるかについて困惑する人々が多いことに注目しています。それは世俗化、すなわち宗教離れの進行とも関わっています。ゴーラーは「死のポルノグラフィー」という表現で、現代人が死を持て余しているさまを表現しようとしました。性をめぐるポルノグラフィーと同様、死のポルノグラフィーは一方で死を隠すとともに、他方で露骨な表現で死を描く。映画などでは派手に人の死が描かれていることを批判的に考察しています。

ゴーラーの書物は歴史学、社会学、文化人類学といった方面からの死生学研究の早い例です。少し遅れて、一九七七年、フランスの歴史家、フィリップ・アリエスによる『死を前にした人間』が刊行されます。この本は西洋社会の死生観の歴史を、キリスト教の成立の頃から現代までたどったものです。大きな流れとして近代以前は人は死を遠ざけることはなく、死を受け入れるすべを知っていた。もっとも基層にあるのは、「飼いならされた死」とよばれるものです。たとえば、一七世紀のラフォンテーヌは、穏やかに死を受け入れていく庶民を次のように描いています。

死は賢者のところへ不意に訪れることはない。／賢者はいつでもでかける用意ができている、／あの旅を決意しなくてはならない時を／みずから悟ることを心得ていて。／その時とは、ああ！あらゆる時をふくむ。／それを日に、時間に、瞬間に分けてみても、／宿命の貢物を納める時といえない／時はない。すべては宿命の時。／そして、国王の子らがこの世の光を見る／最初の瞬間も、ときには／かれらのまぶたを永久に／閉じる瞬間になる。／（中略）／……ひとは、その年齢になったら、家のあるじに感謝して饗宴から退出するように／人生を去ることを、荷物をまとめることを、わたしは望みたい。／旅をどれだけおくらせることができるのか。（ラフォンテーヌ（一六二一―九五）『寓話』巻の八）

飼いならされた死

死には恐怖をもたらす荒々しい獣のようなところがあるとすれば、かつての庶民の賢者たちは、それを飼い慣らして静かに向き合い、受け入れていく術を知っていた、と思わせる文章です。この例について、アリエスは次のような解説を加えています。

ラフォンテーヌの農夫はたしかに死を避けたいと思い、また彼は分別のない老人なので、死の目をごまかそうとする。しかし死が本当に間近く、思い違う余地のないことが判ると、行き方をガラッと変え、生きるためには大いにそうする必要があったように生に執着する人を演ずるのをもうやめて、死の方へさっさと行く。彼はただちに死にゆく人の伝統的な役割を取り入れる。彼は最後の救霊の祈り、最後の暇乞いのためにベッドの周囲に自分の子らを集める。彼はこれまで年長者の誰もがそうやって死ぬのを見て来たが、それにならってのことである。／『いとしい子らよ、と彼は言う、わしは御先祖様の所に行くぞ。さよなら、仲良く暮らすと約束してくれ。』彼は皆の手を取って、世を去った。（『死を前にした人間』）

トルストイと「倒立した死」

それに対して、一九世紀の後半になって目立つようになるのが、「倒立した死」です。アリエスは老年に入ろうとする時期のロシアの大作家、レフ・トルストイの小説『イワン・イリイチの死』（一八八七年）を、近代の「倒立した死」をうまく描き出した最初の作品の一つと見ています。

世俗的な欲望は十分あるが、精神的価値には疎く小心な官吏、イワン・イリイチは「とくと死を見よ」という銘が入ったメダルを身につけているのですが、死に思いをめぐらせようとはしません。虚栄心にかられて成功と昇進だけに心が向いていてせわしない生き方です。家族生活もいざこざばかりで安らぎのないものです。

ところが、イワンは四五歳で死に直面します。内臓の調子がおかしくなり、次第に悪化していきます。しかし、家族も医者もそれとなくしめし合わせて病状の重さを本人に知らせないようにします。イワン・イリイチは必死に医者にしがみつき生きのびることだけを考えます。病気と健康に関わる医学的な知識に夢中になるのです。症状が厳しくなると周囲の人々は、一同で真実を隠す芝居に取り組みます。

だが、ゲラシムという若い召使いだけは本当の事を言います。「すべてから推して彼だけが何が起こっているか（イワンの死）理解し、それを隠す必要があるとは思わなかった。彼はただ衰弱しやせ細った主人をいたいたしく思った」とトルストイは書いています。

死を見つめざるをえなくなる

ゲラシムは重病人たちの世話をしごくあっさりしてやりながらも、憐みの気持ちを率直に表に出します。ある日、彼の献身ぶりに感じ入ったイワンが少し休みをとるように言うと、ゲラシムはイワンにはっきり真実を告げて、ともに過ごすことの意味を問います。「私たちは皆死んでゆくんです。少しばかり苦労したっていいではないですか。」トルストイはこの言葉の意味を以下のように解説しています。

まさしく自分は死にゆく人のためにそれをやっているのだし、また自分にお鉢がまわってきた時には、誰かが同じようにやってくれるだろうから、この仕事は自分には苦にならないとゲラシムは言ったのだ。

ゲラシムと接することを通じてか、いよいよ近づく死を前にそうせざるをえなくなったのか、イワン・イリイチは無力な自分自身をあるがままに見つめるようになります。以下、米川正夫訳『イワン・イリッチの死』（岩波文庫、一九二八年）から引用します。

彼は自分の頼りなさを思い、自分の恐ろしい孤独を思い、人間の残酷さを思い、神の残酷さを思い、神の存在しないことを思って泣いた。

「なぜあなたはこんな事をなすったのです？なぜわたしをここへ連れてきたのです？なんだってこんなに恐ろしいいじめ方をするのです？」

彼は答えを待とうともしなかった。答えはない、あるはずがないのだ、こう思ってまた泣いた。再び痛みが襲って来た。（中略）

やがて彼は静かになった。泣くのをやめたばかりでなく、息さえ殺して、全身注意に化してしまった。それは音によって語られる声ではなく、彼の内部に湧き上る思想の流れ——魂の声に耳を傾けるかのようであった。

「いったいお前は何か必要なんだ？」これが彼のはじめて聞いた、言葉で現わすことのできる明瞭な観念であった。（中略）

「生きる？どう生きるのだ？」と心の声がたずねた。（八七—八八頁）

死に向き合うイワン・イリイチの苦悩

痛みに苦しみながらも、イワン・イリイチは心を集中させて一生を振り返ります。「事によったら、おれの生き方は道にはずれていたのかもしれない」という考えが浮かびます。しかし、彼はすぐさまその考えを追い払ってしまいます。（八九―九〇頁）そのように自分を振り返る二週間の日々が過ぎ、容態がますます悪化していきます。肉体上の苦しみも大きいのですが、それ以上に恐ろしいのは精神上の苦しみです。

イワン・イリッチの精神的な苦しみというのはほかでもない。この晩ゲラーシムの睡たそうな、人のいい、頬張った顔を見ているうち、ふと彼の顔にこういう考えが浮かんだのである。「もしもおれの生活が、意識的生活が、本当にすっかり間違っているとしたらどうだろう？」

前にはすぐに振り払ってしまったのですが、今度はこの考えが真実らしく思えてきます。新しい眼差しが彼の心に宿ったのです。すべてが間違いだったかもしれない。これまでは自分に向かって弁護していたが、その根拠の脆弱さがあからさまに見えて来ます。そして、その眼差しで一生を振り返っていきます。「この意識が彼の肉体上の苦痛を十倍にした。彼はうめき悶えながら、かけている夜具をひきむしるのであった。」妻が無理やり聖餐式を受けさせます。ちょっとの間気分が軽くなります。だが、すぐに「なにもかもみんな虚偽だ」という気持ちが襲ってきてわめき出します。「あっちへ行け、あっちへ行け、うっちゃっといてくれ！」

イワン・イリイチの絶望は、キリスト教の信仰を心から受け入れられないのに、そのことは気にしないかのようにいいかげんに生きて来たことへの悔いと関わっています。死の恐怖と信仰の欠如が一体のものとして捉えられているのです。

科学と信仰の間にある死生学

二〇世紀後半の死生学の始まりは、近代科学の限界を知ることと深い関係があると述べて来ました。他方、同時期に書かれた人文社会系の死生学研究の重要な著作でも、信仰の後退が何をもたらしたかが問われています。こちらは信仰の限界が問われています。キリスト教の神を信じることができない人々が死を忘れようとする、死を受け入れることができないで当惑している、あるいはもがいている、このような近代の精神状況が注目されました。

『死と悲しみの社会学』で、ゴーラーは20世紀の二つの大戦を経るとともに、キリスト教から離れていく二〇世紀中葉のイギリス人を描き出しました。一方、アリエスは『死を前にした人間』で、かつての庶民は死を「飼い慣らし」、穏やかに受け入れるすべを知っていたとするラ・フォンテーヌやトルストイの表現を取り上げます。そして、一九世紀の後半のトルストイの時代から、信仰から離れてしまったために、死を受け入れることができずに苦しむ近代人が多数生じるようになったと捉えています。

シシリー・ソンダースやキュブラー・ロスらが始めたホスピス運動と死生学との結びつきについて述べ、死生学は近代科学の限界を知ることから生じてきたと述べてきました。ところが、それでは宗教の信仰に立ち返るというのが答えかというと、さほど単純にはいきません。というのは、伝統的な信仰を受け入れることができないのが近代人だという理解もあるからです。死を持て余す近代人は、すなおに信仰をもつこともできず、科学を拠り所にすることもできないということです。死生学はそのような科学と信仰、相互の限界の認識の中から展開してきたものと見ることができます。

日本の死生学と死生観への関心

ここで日本の死生学の展開について述べましょう。日本では一九七〇年代にホスピス運動が導入され、七七年に日本死の臨床研究会が始まります。同じ頃、イエズス会修道士のアルフォンス・デーケンが上智大学で「死の哲学」の講義を始めています。しかし、アメリカやイギリスで death studies とか thanatology、すなわち「死の研究」とよばれていた学問領域は一九八〇年代から「死生学」として定着していきます。では、なぜ「死学」とならずに「死生学」となったのでしょうか。

仏教では「生死《しょうじ》」という言葉が根本的な教義と結びついて用いられます。また、儒教の根本聖典とも言える『論語』では「死生」という言葉がよく用いられています。授業では死への覚悟を促したり、死後のいのちについて積極的に問うことはしないのですが、日本近世の儒教は武士を主軸に受容されたため、死への覚悟が強調された傾向があります。江戸時代の武士道の代表的著作とされる佐賀藩士、山本常朝の『葉隠』は死の覚悟をもって生きることを勧める著書としてよく知られています。

こうした背景があって、明治時代に「死生観」という用語が発明され、戦前期にすでに定着していたということがあります。すでに一九〇四年に加藤咄堂が『死生観』という書物を表しています。また、それに先立って「死生問題」という言葉が用いられ、清沢満之のような仏教者もこの用語を用いていました。『死生観』という書物は好評だったと見えて、翌年に『増補死生観』という増補版が出ています。その冒頭には次のようにあります。

生あり死あり、其の間五十年、名けて人生と為す、人は唯だ此蜉蝣の如き生存を以て満足すべきか。上下茫々数千歳、生ずるもの限りなく死するもの亦限りなし、生するもの必ず死して、死するもの必ず生ずるか、生ずるものゝ必ず死するはこれを目睹すべきも、死するものゝ生ずるは知り得べきの限りにあらず、此に於て死生の問題は永久の疑団として吾人の前に横はれり、吾人はこれを単なる疑団として放擲すべきか。(『増補死生観』)

死生観から死生学へ

ここでは、死をどう受け止めるかという問題が「死生の問題」とされ、正面から問われています。これは二〇世紀後半の西洋の死生学を先取りする問いといってもよいでしょう。しかし、この死生学的な問いかけはその後、学術的に深められていったわけではありません。トルストイの死生観的な問いかけと同時代的なものと見てよいかと思います。しかし、ここでは死の彼方に究極の救いの境地があるという、キリスト教や仏教の伝統的な信仰をどう引き継ぐのかという問いがあります。

一九七〇年代になって、この問いは新たに問い直されていき、学問的な形で展開されていくことになります。一九〇〇年代に始まる死生観への問いが七〇年代以降に死生学という形をとって受け継がれていくと見ることもできるでしょう。もちろん七〇年代以降の死生学はもっと広いさまざまな関心を含み込んで展開していきます。ホスピス運動が呼び覚ました医療やケアについての新たな問いも重要です。しかし、科学と信仰をめぐる葛藤という点では一九世紀から二〇世紀へと引き継がれていく問いがあり、西洋でも日本でも共有されていると考えることができます。

科学と信仰という問題系において、死生学は一つの重要な位置を占めていると言ってもよいでしょう。伝統的宗教と近代科学の双方が自己完結できないところから死生学は出発しているのです。

参考文献

フィリップ・アリエス『死を前にした人間』（成瀬駒男訳）みすず書房、一九九〇年（原著、一〇七七年）
ジェフリー・ゴーラー『死と悲しみの社会学』（宇都宮輝夫訳）ヨルダン社、一九八六年（原著、一九六五年）
加藤咄堂『死生観』井烈堂、一九〇四年
エリザベス・キュブラー・ロス『死ぬ瞬間』（川口正吉訳）読売新聞社、一九七一年（原著、一九六九年）
島薗進・竹内整一編『死生学1　死生学とは何か』東京大学出版会、二〇〇八年
島薗進『宗教を物語でほどく――アンデルセンから遠藤周作へ』ＮＨＫ出版、二〇一六年
レフ・トルストイ『イワン・イリッチの死』（米川正夫訳）岩波文庫、一九二八年（原著、一八八六年）

（二）医療と信仰

加藤　眞三

はじめに

天災、疫病など自分の手に負えない困難な状況に出会った時、人類が頼るべきものとして信仰や宗教があり、外傷や病気で困ったとき対処するための現実の智慧の表れとして医療はありました。このように、医療と信仰・宗教は元来切り離すことのできない密接な関係にありましたが、現代社会において医療と信仰はほとんど切り離された存在になっています。

筆者は信仰をもつ家庭に育ち医師となり、長い年月にわたって医療に関わってきましたが、色々な局面において現代の医療のあり方に疑問を感じ、そして悩みながら医療に従事してきました。

本稿では信仰を持つ一人の医師として、現代社会における医療と信仰の関係性について考えてみたいと思います。

医療に対する不信感の高まり

わが国の医療について考える時、科学の進歩と社会保障の充実による恩恵によって、ある一定以上のレベルの標準的医療をだれでもどこにいても受けられる状況になっており、現在の医療は、過去のどの時代に比べても、世界のどの国に比べてみても、遜色あるものではなく、むしろ優れている面も多いということができるでしょう。

しかし、医療の評価において、科学の進歩による診断学や治療技術の進展、医療機器の進歩と普及、医療提供の社会システムのみでとらえようとすれば、それは患者が医療に対して持つ感覚とは大きく異なるものになってしまう。患者やその家族、あるいは市民は、それらで表されるものとは異なるものをも医療の現場で求めているからです。

現在、医療の現場で最も大きな問題となっていると筆者が考えるものは、医療を受ける側と提供する側の関係性です。両者の関係性が良好ではないことの表われとして、患者や市民の間に広まり高まっている医療不信があります。

患者や市民の医療に対する不信感は、マスコミによってあおられてきたという側面があります。患者が実験動物かのように扱われていたり、医院の収入を得るための手段にされたりと、患者が一人の人間として尊重されていないと考えられる事例が雑誌やテレビなどにおいて大きく報じられることにより、患者や市民は医療を受けることに対して不安をもつことになり、医療への不信感があおられてきたのです。

マスコミは、患者や市民の不安と欲望を刺激することにより、発行部数や視聴率を増やし、売り上げを伸ばしてきました。つまり、マスコミにとって市民の不安をあおる情報を流すことは企業の利益につながるのです。結果として、社会には医療や健康に関して不安をもたらす情報があふれ、患者や市民はますます不安になり、そして、医療に対しての不信感が増大するという悪循環を繰り返してきたのです。

マスコミだけでなく医療を提供する側にも、もちろん問題は山積しています。中でも、医療における科学への偏重（科学主義）と金儲けの重視（商業主義）が重要な問題ではないでしょうか。

医師は科学としての医学を重んじる専門家集団を形成してきましたが、そこでは、集団内での評価が優先事項となっていました。その集団内で、「あなたの思考は科学的ではない」という言葉が発せられると、それは医療者に対しての最大の侮辱となってきました。

医療保険制度の充実は、病気になったときに医療を受ける受益者が支払う金額は少なくてすむという良い面をもたらしてきましたが、数を多くこなすことによって利益を増大させるという制度になっており、数をこなさないと経営が成り立たないという医療をつくり出してきた面もあります。

「医は仁術なり」という言葉が今では忘れ去られようとしており、仁術の読み方さえ知らない医学生もでてきているのです。現代医学で、医師は人の生命を扱う科学の専門家集団の一員として高度な知識と技術をもつことが尊ばれてきたのです。このような科学や技術の偏重は医療者の中だけの問題ではなく、現代社会全体の問題ではありますが、医療の専門家集団の中でより先鋭化してきたといえるでしょう。

科学と信仰と情報の伝達

科学は、自然を観察し、疑うことから始まります。世界を理解しようとする際に、過去から続く権威や価値観、物語、常識を疑うところから、科学は出発しました。科学で信じるものは、観察結果としての事実と実験により得られた結果であり、それらが統計処理され有意とされると科学的証拠として認められるのです。現代の科学はそれらの積み上げの上に発展してきました。

一方で、信仰はまず自分が信じるものをもつところから出発します。対象として何を信じるのかによって、信仰のあり方は当然異なってきます。科学と信仰は、対立する関係の構図の中で語られることが多いのですが、必ずしも対立する概念ではありません。科学は万人が共通に信じられるとするものに基盤をおいているのに対して、信仰は各自の中で形成されたものということができるのではないでしょうか。

中世の時代には、教会による聖書の解釈が権威あるものとされていました。ガリレオがそれとは異なる聖書の解釈をしたことに対して、教会の権威を傷つけるものとして退けられることになりました。ガリレオが異なる解釈をした背景には、当時、ラテン語で書かれて教会内の聖職者の間でしか読まれることのなかった聖書が、ドイツ語やフランス語などの俗語に翻訳され、印刷技術の発展とともに聖書が普及し、各自の家庭で聖書を読むことができるようになったことがあります。つまり、情報伝達の飛躍的な発展が教会とは異なる解釈を生むことになったのです[1]。ガリレオは必ずしも神の存在や聖書を否定したわけではありませんでしたが、教会とは異なる聖書解釈を教会が許さなかったというのです。

ＩＴＣによる医療の知識の拡散

中世における聖書の一般家庭への普及に似た現象が、現在の社会で進行中です。それは、医療の現場で起きています。ＩＴＣの進歩やインターネットの普及とともに、医師の間で占有されていた医学的な専門知識が、どこでも、だれでも家庭において閲覧することが可能になったのです。情報技術の進歩により、専門知識を専門家グループの中で占有することが事実上不可能になってきたのです。

例えば、患者が米国の癌学会のガイドラインの情報をインターネット上で手に入れ、日本ではまだ認可されていない治療法を医師に希望するという事態が生じています。医師の中には、このような形で素人が医療の知識を入手し要求することを嫌がり、敵対視する人も多いのですが、情報開示・情報共有の時代の趨勢を医師に止めることはできません。医学知識は医師集団の占有物ではなく、人類の共有財産であるととらえられ、医療情報の情報公開はむしろ医師の責務とされてきているのです。

紀元前五世紀のギリシャの医師であるヒポクラテスは、当時社会に広まっていた呪術的医療ではなく、健康や病気を自然の現象ととらえて、観察と経験に基づいて智慧を集積し医学の基礎を築きました。このことによりヒポクラテスは「(現代)医学の祖」と称され、「ヒポクラテスの誓い」は医師の職業倫理に関する宣誓文として世界中の現代医学教育の中で語り継がれてきました。

ところが、意外なことに、この誓いには次の様な文が含まれているのです。

また医師の心得、講義そのほかすべての学習事項を伝授する対象は、私の息子と、先生の息子と、医師の掟てに従い師弟誓約書を書き誓いを立てた門下生に限ることにし、彼ら以外の誰にも伝授はいたしません。(2)

ヒポクラテスは、医学知識を伝授する対象として、師弟関係をもつ誓約書を書いた門下生に限定し、門下生以外には教えないこと、つまり知識を囲い込みすることを推奨していたのです。そして、このことは、医学界において、当時から現代に至るまで当然のことと考えられ、専門家内での知識の占有は続けられてきたのです。近年のＩＴＣとインターネットの普及、高等教育の普及による知識労働者の増加、人権意識の高まりなどにともない、科学知識は専門家の間だけで占有すべきものではなく、人類の共有財産として一般市民に情報公開されることが当然のこととなってきています。

情報の共有化は、医師（あるいは医療者）と患者（市民）との関係性に大きな変化をもたらすことになります。

医師・医療者と患者・市民との関係性の変化

これまで医師は医学知識を占有するプロフェッショナルとして患者を指導し管理する立場から医療を提供してきました。医師と患者の関係性は上下の関係にあることが当たり前とされてきました。そのため、医師は「由らしむべし、知らしむべからず」の態度で患者に接してきましたし、患者もそんな医師の方が頼りがいがあると感じ、「難しいことはよく分からないから、先生にお任せします」という人も多かったのです。

ところが、患者や市民の側に自律の意識が芽生え、育ってくると、次第に医療者に対して充分な説明を求める人、医療者と対等の立場で話し対話をしようとする人が増えてきます。現在の日本は、上下の関係から横の関係へと移行する時期にあるといえるでしょう。移行期

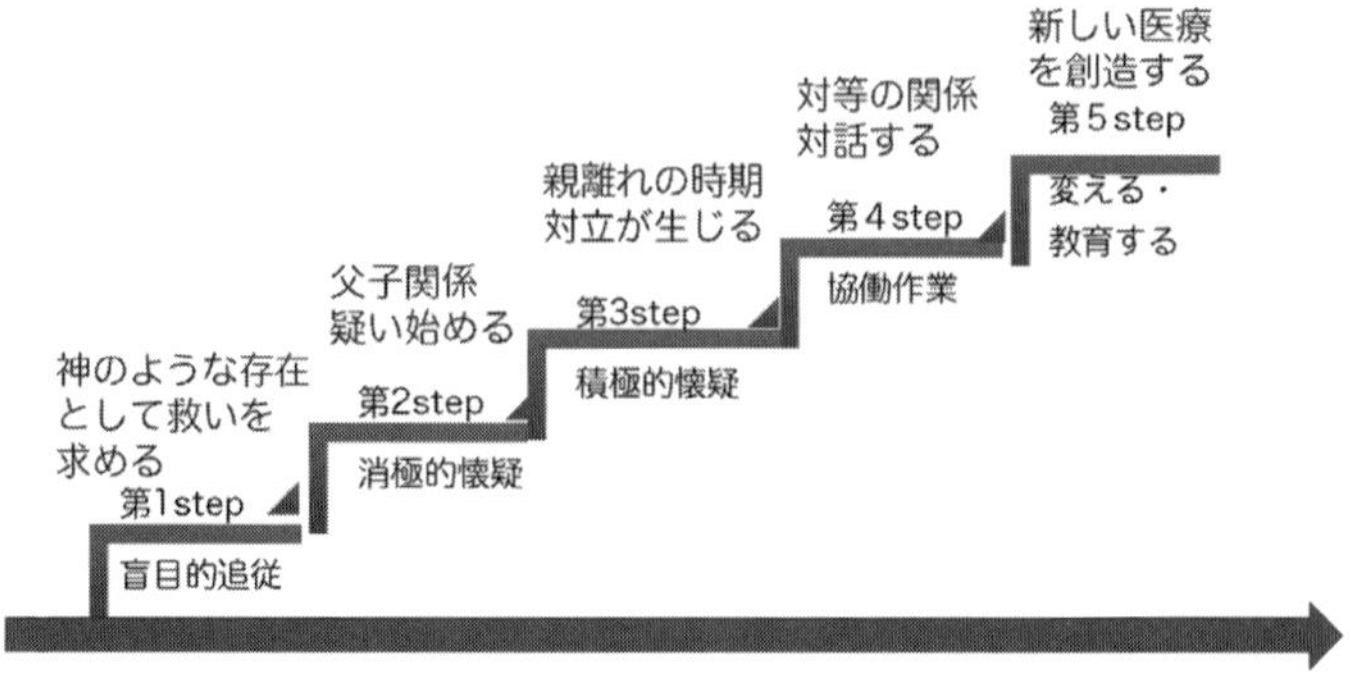

図1　患者の歩む意識のステップ

には混乱が生じます。患者が父権主義の中の子供の立場から、親離れしようとする移行期に、医療者に対する不信感が生じ、対立をきたしているのが現在の医療の姿ということができるのではないでしょうか（図1）。

この対立を患者と医療者が敵対していくものとしてとらえるのではなく、親子の関係（パターナリズム）から大人同士の対等な水平の関係に移行するための一つの過程とみることが大切だろうと筆者は肯定的に考えています。

慢性病の時代を迎えている

現在の時代が患者と医療者の大人同士の対等な関係を要求することの一要因として、慢性疾患や生活習慣病が増えてきていることがあります。

慢性疾患や難病では、病気を抱えていながら日常生活を送らなければならないために、患者は自分の生き

類型	能動―受容 Activity-passivity	説明―協力 Guidance-cooperation	協働作業 Mutual-participation
ケース	昏睡状態、急性外傷、救急外来	治療方針のある程度決まった疾；肺炎,尿路結石,胃潰瘍	自覚症状に乏しい慢性疾患；生活習慣病、難病
医療行為	医療者は一方的に医療行為を行う。患者はされるがまま。	医療者は患者に説明し、同意を得た上で医療行為を行う。患者はある程度能動的に医療に関わるが、医療者の方針に逆らうことは困難。	医療者と患者は、互いに提供し共有した情報を元に医療の方針を交渉しあう。合意した部分から医療行為を行う。
ＩＣ	事後承諾	説明と同意	合意の形成
関係性のプロトタイプ	親と乳幼児	父親と子供	大人と大人

(Szasz & Hollender, 1956より改変)

表１　医療者と患者関係のモデル

方や医療のとりいれ方に主体的に取り組むことが要求されます。患者は自分の生活史を振り返り、自分自身を理解し、自分に最もあう治療法や療養生活を選択することが望まれるのです（表１）。

生活習慣病の治療は、本来薬物によるものではなく、生活習慣を変えていくところに本質があります。生活習慣を変えるためには、患者本人が自分自身を十分納得し、生活習慣が健康障害をもたらしたことを理解し、生活習慣を変えることに主体的で意欲的でなければなりません。そのような医療への転換が現在求められているのです。

慢性疾患や生活習慣病は、患者の罹患者数においても、死亡者数においても、医療費においても、これからの医療の中でますます増大し、大きな部分をしめることになります。今までの、急性疾患とは異なる医療者と患者の関係性をつくることが要求されているのです。

以上のように、情報伝達手段の変化、市民全体としての教育レベルの向上、自律する意識の向上と疾病構造の変化により、現在、患者と医療者の関係性の大きな変化が求められているのです。

信仰や宗教にも変化が求められている

キリスト教におけるプロテスタントの改革運動は、印刷技術の発展により自然の働きに対する関心が高まったこと、各家庭に自国語に翻訳された聖書がおかれたことに一因があると下野は解釈しています（下野葉月、「宗教と科学」に関する歴史的考察、現代宗教二〇一九）。当時の印刷技術の向上に伴う知識の普及という情報伝達の革新的な変化と同じかそれ以上の大きな変化が、現在、地球規模で起きているのです。人権意識の高まり、民主主義社会における情報公開の原則とＩＴＣやインターネットの普及が、医師による医療情報の占有を許さなくさせており、医師が治療方針を一方的に決めたり、説明をして同意を得るというだけですませるのではなく、患者が医療者との対話の中で自分にあう医療を選択するという方向へと押しすすめているのです。

宗教の分野においても、神や魂という存在と対話をするための行為としての祈りや冥想を、あるいは聖書や教典の解釈を、一部の聖職者が占有するという時代ではなくなり、多様化した社会の中で個人が自分のライフスタイルにあう信仰を選び、神との対話の方法を自分のものとしてカスタマイズしていく時代を迎えているのではないでしょうか。そのことは、既存の宗教という組織や形態を大きく変えていくことになると筆者は考えています。

広井良典は、現在人類で三番目に大きい移行期を迎えていると述べています。狩猟社会の定常化時期に自然信仰が生まれ、農耕社会の定常化時期に普遍宗教が生まれ、市場化、産業化、情報化、金融化という近代の産業化(工業化)社会が単系的発展の時期を過ぎようとし、これから定常化し多様化する時代を迎えようとしているというのです(広井良典「ポスト資本主義　科学・人間・社会の未来」岩波新書、二〇一五)。その第三の定常化の時期には新たな形態の宗教の存在が求められだろうと推測し、広井はそれを「地球倫理?」と記述しています。このことは、現在、宗教が衰退しているといわれますが、宗教の新しい形となり、復興と呼べるものに相当するのではないでしょうか。

「信仰をもつ医療者の連帯のための会」の発足

科学の一分野としての現代医学では、合理的思考と科学的な証拠に基づいた医療を提供することが求められています。結果として、科学的に解明されていないものは、存在しないものとして否定されます。しかし、現実の世界では、科学的に証明されていなくても、あると信じることのできるものが存在すると筆者は感じています。そして、その存在を信じることは、これからの時代によき医療を展開し遂行していくにあたって不可欠のものではないだろうかと考えています。

筆者は、神仏や霊魂の存在を仮説的前提に医療について語れる場をつくりたいと考え「信仰をもつ医療者の連帯のための会」を二〇一六年に起ち上げました。医療者は科学的思考法をトレーニングされた上で医療という現場をもち、そこでは生老病死を通して「いのち」の存在を感じることができます。

医療者が自分のもつ信仰を医療の現場でどのように生かすことができるのか、どのように生かしているのかを語り合うことは、宗教を空理空論で終わらせるのではなく、現実と遊離しない形で新しい宗教のあり方を示唆してくれるのではないでしょうか。

ティール社会への移行

これから訪れる新しい時代の組織のあり方として、フレデリック・ラルーがティール組織を提唱しています[(3)]。そこでは、それぞれの個性が生かされ主体性が発揮され、その上で統一性がある社会だとされています。

ラルーは、力と恐怖による支配のレッド（衝動型）パラダイムから、規則や規律、規範による階層構造のアンバー（順応型）パラダイムへ、科学的、イノベーション、起業家精神の時代のオレンジ（達成型）パラダイムへ、物質主義の反動としてのコミュニティ型組織で、平等と多様性を重視しボトムアップの意志決定となるグリーン（多元型）パラダイムへと移行し、ティール（進化型）パラダイムになっていく可能性を述べています。ティール社会では、セルフマネジメント、ホールネス（全体性）、存在目的を重視する生命型社会になるといいます。

現在の社会は、せいぜいオレンジ型パラダイムの時代であり、ロシアのようなレッド型パラダイムで行動する社会もありますが、グリーン型社会への兆しはもう見えているように感じられます。ティール社会への移行は、まだまだ先のできごとのように思えますが、このような変化は一九八九年にベルリンの壁が一気に崩壊したように、意外に短期間で起きるものなのかも知れません。

いずれにしても、一人の人間の発達が人類全体の発達に投影するものと考えてみれば、今後、アンバーからオレンジへ、そして、グリーンからティールへと進む方向にあるのだろうと筆者は考えています。そのような時代の変化を支えるような価値観が人類全体に必要とされているのではないでしょうか。

終わりに

医療も信仰も大きな転換期を迎えていることが感じられます。それは人類の歴史において三番目の転換期ということができるほどの大きな変化なのでしょう。「生老病死」に近接する現場で働く医療者として、信仰を通して「いのち」を大切にする新しい時代の価値観を探求していきたいと筆者は考えています。

参考図書

（1）下野葉月、「宗教と科学」に関する歴史的考察、現代宗教二〇一九

（2）大槻マミ太郎訳：誓い．小川鼎三編、ヒポクラテス全集、第一巻、エンタプライズ、東京、一九八五

（3）フレデリック・ラルティール組織―マネジメントの常識を覆す次世代型組織の出現 英知出版、二〇一八

（三）信仰と身心変容

鎌田東二

信仰が身心にどのような影響を及ぼすか、いろいろな角度から考えてみることができます。信仰はまず心の中で芽生え、本書で言うような「入信・確信・極信」の過程を辿って深化していきます。

そのような信仰心の深まりによってどのような変化、本節で言う「身心変容」が生じるか、考えるまでもなく、明らかに身心に著しい安定と開放をもたらすことは確かでしょう。信仰の深まりが、心のはたらきに深い安らぎを与えることによって、どのようなことが起こっても、それを受け止め、対処していく心のありように一定の安定度をもたらします。そしてそれは、必然的に、体の状態の安定度を増し、強化し、健康に寄与するようになるでしょう。

もちろん、持病を抱えていたりしたら、進行性の癌などが悪化することも起こりえるので、信仰を持つことによって病気が治るとか、よくなると断言することはできません。しかし、強い、深い信仰を持つことによって、病気が治ったり、よくなったり、治らなくても、それを受け容れて日々を充実した気持ちで過ごすことができるようになった人も少なくありません。私自身、身近にそうした事例をしばしば目撃しています。

ですから、間違いなく、信仰は「身心変容」をもたらす、よき「身心変容」をもたらすことが多い、と言うことができます。しかし、信仰が「狂信」のような独善的で排他的で攻撃的になっていった場合、それがオウム真理教を引き起こした麻原彰晃やその弟子たちのように本人の「身心」を蝕むばかりか、一般社会の関係のない人たちまでも危険に曝すことがありえます。

そうした攻撃的で暴力的な宗教的テロリズムを認めることはできません。それでは、そうならないような歯止めをかけるものは何でしょうか？　この事態に万能薬はありませんが、少なくとも宗教全体に対する広く深い理解を持つことが一定の歯止めとなります。宗教や信仰が持つ力や可能性とその問題点についての総合的かつ歴史的な理解が歯止めとなるのです。信仰について多角的に問いかける本書もそのような歯止めの一つになり得ると考えます。

私はこれまで神道や仏教や日本の宗教文化を中心に宗教学・宗教哲学・比較宗教学・比較文明論の観点から研究を続けてきて、信仰の持つダイナミックで大きな力を感じてきました。特に、信仰に生きた高齢者の精神世界や晩年の過ごし方に高潔にして美しいものがあることも目の当たりにしてきました。信仰は生きる力の源となる、と思います。

信仰体験の決定的な転換を、宗教学では「回心」（conversion）と言ってきました。その「回心」の典型事例として、多くの宗教学者や神学者はパウロのキリスト体験に基づく信仰の大転換を挙げています。宗教心理学を基礎づけたウィリアム・ジェイムズは『宗教的経験の諸相』（桝田啓三郎訳、岩波文庫、一九六九年）の第九講と第十講において「回心」について詳細に考察していますが、その中で次のように述べています。

回心する、再生する、恩恵を受ける、宗教を体験する、安心を得る、というような言葉は、これまで分裂していて、自分は間違っていて下等であり不幸であると意識していた自己が、宗教的な実在者をしっかりとつかまえた結果、統一されて、自分は正しくて優れており幸福であると意識するようになる。緩急さまざまな過程を、それぞれあらわすものである。少なくともこの過程が、一般に回心と言われるものであって、そのような精神的な変化を引き起こすのに、直接の神の働きかけが必要であると考えるか否かは別問題である。

「回心」とは、世俗的人間として死んで、宗教的人間、信仰的人間として「再生」する体験だとジェイムズは指摘します。それは「宗教的な実在者をしっかりとつかまえた結果」起こってくる変化だと言います。しかしこのあたりの消息と表現は、むしろこの逆で、〈宗教的な実在者にしっかりとつかまえられた結果〉ということかと考えます。このような絶対的な受動性の中で起こる大転換だと思うのです。

また、京都大学教授であった宗教哲学者の武内義範は『現代宗教講座』第三巻『信仰と人生』（創文社、一九五四年）の中の「回心」の章で次のように述べています。

1　自己のより高き自我の出現は、意識にとって新しき覚醒に他ならぬ故に、回心はいわば古き眠りより本来のあるべき自我に目醒めたことの自覚として。

2　古き自我と高次の新しきそれとは、自己の心霊の裡での二つの力の死闘として、体験せられる。回心はその結果後者の前者に対する完勝、乃至は決定的な勝ち目の意識として。

3　またさらに二つの自我が同時に私の自己であるところから、古き自己の否定と新しき自己の肯定は、死して生れる所謂新生の体験として。

武内義範は、同書で、「古き自我」から「新しき自我」への「新しき覚醒」「目醒め」「新生」が「回心」であると指摘しています。

この「回心」の典型事例として挙げられるのがパウロのキリスト体験ですが、パウロはもっとも過激なキリスト教徒の迫害者でした。その最強・最悪の迫害者が初期キリスト教最大の伝道者となり、『新約聖書』の半分以上の分量をパウロの書簡で占めることになるのですから、その回心体験と転換は実に逆説的でドラマチックであったと言うほかありません。最新の『新約聖書』共同訳（日本聖書協会、二〇一八年）「使徒言行録」九章は、「サウロの回心」と章題が記されていて、次のように訳されています。

さて、サウロはなおも主の弟子たちを脅迫し、殺害しようと意気込んで、大祭司のところへ行き、ダマスコの諸会堂宛ての手紙を求めた。それは、この道に従う者を見つけ出したら、男女を問わず縛り上げ、エルサレムに連行するためであった。

ところが、旅の途中、ダマスコに近づいたとき、突然、天からの光が彼の周りを照らした。サウロは地に倒れ、「サウル、サウル、なぜ、私を迫害するのか」と語りかける声を聞いた。「主よ、あなたはどなたですか」と言うと、答えがあった。「私は、あなたが迫害しているイエスである。立ち上がって町に入れ。そうすれば、あなたのなすべきことが告げられる。」

同行していた人たちは、声は聞こえても、誰の姿も見えないので、ものも言えず立っていた。サウロは地面から起き上がって、目を開けたが、何も見えなかった。人々は彼の手を引いてダマスコに連れて行った。

サウロは三日間、目が見えず、食べも飲みもしなかった。

「サウロ」とか「サウル」とかは「パウロ」の別の名前です。そのサウロ＝サウルが迫害に向かう旅の途中で、突然光に照らされ、イエスの声を聞いたのです。自分が迫害している者の「主」の声を。

この時からサウロは三日間目が見えなくなり、飲食もしなかったとあります。その間にイエスはアナニアという弟子に「あの者（サウル＝サウロ＝パウロのこと）は、異邦人や王たち、またイスラエルの子らの前に私の名を運ぶために、私が選んだ器である」と告げたのでした。そこで、アナニアはサウロのところに行って、「兄弟サウル、あなたがここへ来る途中に現れてくださった主イエスは、あなたが元どおり目が見えるようになり、また、聖霊で満たされるようにと、私をお遣わしになったのです」と言うと、たちまちサウロの「目からうろこのようなものが落ち、サウロは元どおり見えるようになった」のです。そして身を起こして、「洗礼（バプテスマ）を受け、食事をして、元気を取り戻したと「使徒言行録」には記されています。

このサウロ・サウルすなわちパウロの「回心」は、身心変容の典型的な事例と言えます。それは次のような変容過程でした。

① 光に照らされる。

② 目に見えない存在からの呼びかけの声を聞く。
③ それにより、目が見えなくなり、食事もできない状態に陥る。
④ 三日後に、「目から鱗が落ちるものが落ち」て目が見えるようになり、「聖霊」に満たされた。
⑤ こうして、洗礼を受け、食事をして、元気を取り戻した。
⑥ これ以降、最大の迫害者が最大・最高の伝道者になっていく。

この大転換＝回心が、目が見えなくなる/見えるようになるという身体の変容であり、またそれにより物の見方が大きく変わる、受け止め方が大きく変わるという心や物の見方の変容でもありました。『新約聖書』のギリシャ語版では回心などによる大転換のことを「メタノイア（metanoia）」と言っています。

『新約聖書』冒頭の「マタイによる福音書」第四章第十七節では、悪魔サタンによる三つの誘惑をしりぞけたあと、イエスはガリラヤの地に赴き、「福音」を説きます。その最初のメッセージが「悔い改めよ」でした。この「悔い改める」のギリシャ語は「メタノエオー（metanoeo）」という動詞で、その名詞形が「メタノイア（metanoia）」です。語源的には「メタ・ノエオー（後から考える・思い直す）」ということになり、視点を変えるとか考え方を変えるという意味になります。つまり、習慣化していたそれまでの思考方法を止めて、これまでとは異なる物の見方をするということです。それまでの自己の欲望や野心や願望を抱え込んだ自己中心的な物の見方から、「神の国（天国）」や聖霊の息吹きに賦活されてもっと大きな根本的な視点転換をしてみるということです。

以上、宗教的人格が確立される瞬間や過程として、「回心」という身心変容の過程を述べてみました。

次に、「身心変容」の内実ではなく、「身心変容技法」の起源と諸相について、整理しておきます。そもそも、身心変容技法とは、「身体と心の状態を当事者にとって望ましいと考えられる理想的な状態に切り替え、変容・転換させる知恵と技法」ですが、古来、宗教・芸術・芸能・武道・スポーツ・教育などの諸領域でさまざまな身心変容技法が編み出されてきました。祈り・祭り・元服・洗礼・灌頂などの伝統的宗教儀礼、瞑想・イニシエーションや武道・武術・体術などの修行やスポーツのトレーニング、歌・合唱・舞踊などの芸術や芸能、治療・セラピー・ケア、諸種の教育プログラムなどが含まれます。それを図で表わすと次のようになります。

人類史において、身心変容技法は人類の生存戦略として編み出され、それは根本的には狩

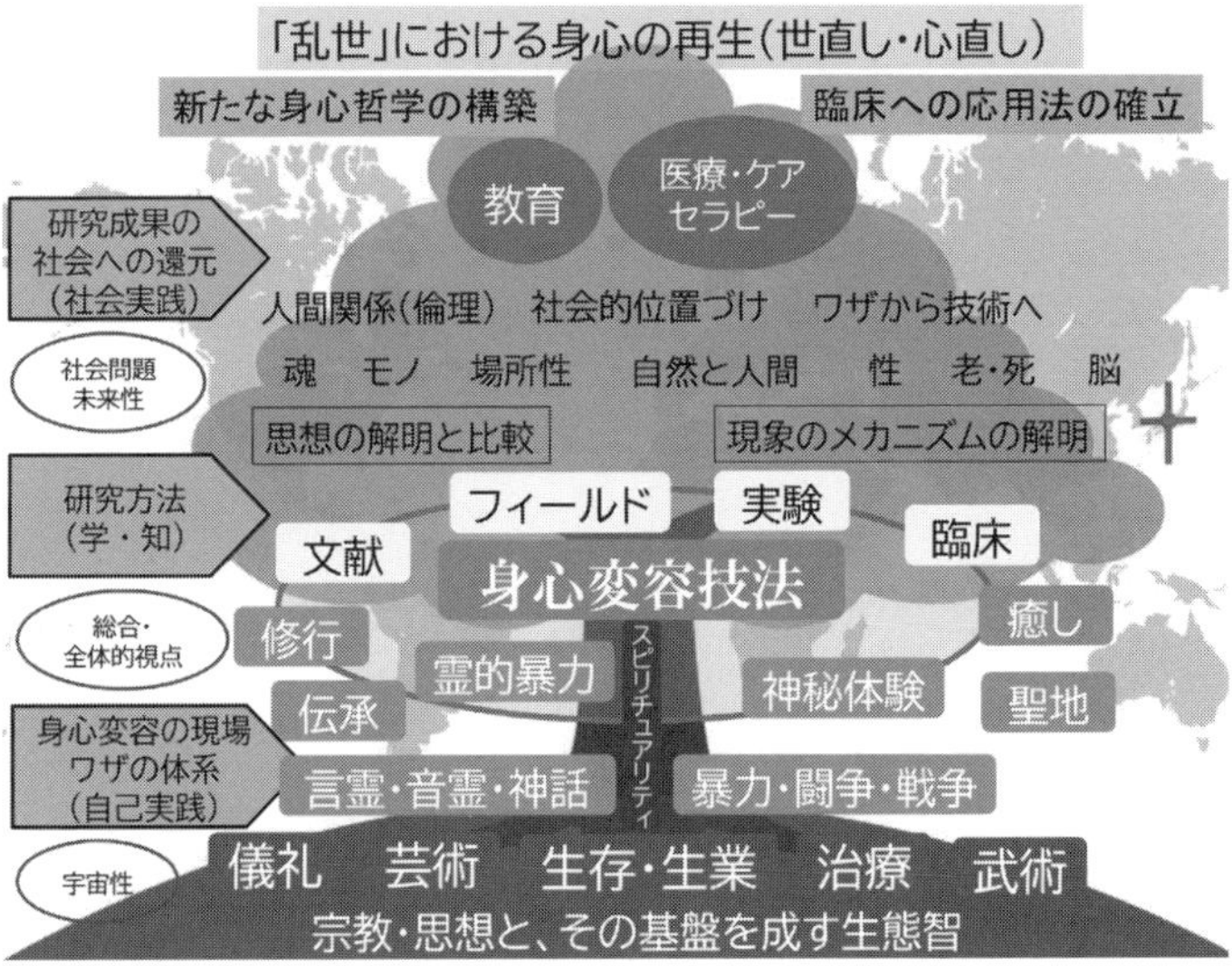

猟採集などの「なりわい」に由来し、そのなりわいに降りかかる「わざわい」を取り払い、豊かな獲物を得て「さちわい」に切り替えていく技法として発展していったと考えられます。太古の洞窟の中でのさまざまなイニシエーション的な儀礼や呪術は、アニマルパワーを身に付け、巨大な獲物を獲得していくための身心変容技法の一つであったというわけです。それが、人類としての種の生存戦略から、次第により個的かつ内面的な自己浄化や苦悩などの負の感情の解除に向かい、禅や諸種の瞑想や今日大流行しているマインドフルネスの技法にまで展開していきました。

これまで、私が主とした研究領域としてきた神道においては、身心変容技法は大本の「鎮魂帰神法」などが典型的なものといえますが、

『古事記』や『日本書紀』の中に描かれた祭りと歌の発生も、身心変容技法といえる内実を持った神道の伝統に組み込まれた生存戦略です。祭りと詠歌は神道における二大生存戦略でした。宗教を神や仏や精霊などの超越的で実在とされる聖なるものとの関係に基づく「トランス（超越）技術の知恵と体系」とみなすと、諸宗教がさまざまな形で「トランス技術」を開発し、それにより身心霊の浄化や変容を促してきたことがよくわかります。身体と心と魂の深みに降り立ち、生と死を支える根源的な力を引き出す技法、それが古代神道において祭りと歌として結実しました。

この祭りと歌という身心変容技法は、共同体や自己の内部に巣食う閉鎖的で破壊的な負の感情を浄化ないし昇華し、開放し、再意味づけして、さらなる生存の深みと意味世界を掘り起こして生きる活力を与えます。

神道における身心変容技法としての禊祓と祭りを見てみましょう。ミソギはイザナミの死に端を発し、祭りはスサノヲの荒ぶり（暴力）に端を発します。イザナミの味わった強い負の感情を無意識のうちに受け継いだスサノヲは、その痛みや悲しみや憧憬を父のイザナギにも姉のアマテラスにもわかってもらえず、各所を放浪し、暴れまわり、二度も追放されてしまいます。父には理解されず、姉には疑われ、かつ怖れられ、やり場のない痛みと悲しみと不在の母への思慕の三つ巴になった負の感情は爆発してしまいます。そのスサノヲの暴力を恐れ、怒り悲しんだ姉のアマテラスは「天岩屋戸」と呼ばれる洞窟に隠れてしまいます。すると、日の神がいなくなったので世界は真っ暗闇となり、ここぞとばかりにあらゆる災いが次々と起こり、八百万の神々はパニック状態に陥ります。それは「むすひ」の力がはたらかなくなった非生産的な世界で、神道においてはもっとも恐れる「常闇」の暗黒世界です。そこには未来も希望もなくいのちの発現も照り輝きもありません。

そこで高天原の神々はこの絶体絶命の危機を切り抜けるための打開策を探し当てます。この暗黒世界から抜けだすためにどうすればいいか。天思金神という知恵の神が音頭をとって討議を重ね、結論として「祭り」をしようということになったのです。暗黒世界から脱出するには祭りがもっともよい方法である。これが日本神道が出した結論であり、生存の持続可能性をはかる処方箋でした。

こうして、神々は役割分担し、祭りを実施します。イシコリドメノミコト（伊斯許理度賣命）は神聖祭具製造の神として「八咫の鏡」を作ります。また、タマノヤノミコト（玉祖命）は「八尺の勾玉」を作ります。そして、天香山から取ってきた根のついた大榊に紙垂を取り掛け、鏡と玉を飾って依代とし、天岩屋戸の洞窟の前に置きました。その祭壇（神社の前身）の前で、中臣・藤原氏の祖先神のアメノコヤネノミコト（天兒屋命）が「太詔戸」を唱え、忌部氏の祖先神のアメノフトダマノミコト（天布刀玉命）が玉を捧げ持ち、猿女氏の祖先神のアメノウズメノミコト（天宇受賣命）が手に小竹葉を持って、舞台となる「槽伏せ」を踏み轟かして熱狂的な踊りを踊り「神懸り」となります。「胸乳」を顕わにし「陰」を露出しました。すると、暗黒の高天原に爆発的な八百万の神々の笑い声が轟いたのです。

神々の花が咲いたような笑い声によって高天原が振動し、不審に思ったアマテラスが姿を顕し天岩屋戸が開くことになります。こうして、世界にもう一度光が戻り、「むすひ」の力が発動し、いのちが甦ります。これは言うまでもなく「死と再生」の神話的表現ですが、身心変容技法の希求する構造として「死と再生」によるさらなる生命力の強化が生存戦略として仕組まれているのです。

「祭り」によってアマテラスは復活し、最大の危機を免れることができましたが、しかし、世界を深刻な危機に陥れた張本人のスサノヲは追放されます。罪穢を祓うために「千位の置き戸」を科せられ、髭を切られ、手足の爪を抜かれて追放されます。父イザナギに追われ、姉アマテラスにも追われるという、二度の追放を受けたのです。追放されたスサノヲは漂泊放浪する神となり、出雲国の肥の河上の「鳥髪」の地に到った時、上流から箸が流れてきたので誰かがいると思い、上流に上っていくと、そこに泣いている乙女クシナダヒメ（奇名田比売）と両親のおきなアシナヅチ（足名椎）とおみな女テナヅチ（手名椎）がいました。なぜ泣いているのかを訊くと、毎年、八俣の大蛇という、頭が八つ、尾が八つある、目は赤ほうずきのように真っ赤で、背や腹に苔と檜ひのきと杉が生えた巨大な怪物のような大蛇がやってきて、八人の娘の内、七人までも食べられてしまい、今にも最後の娘のクシナダヒメが犠牲になろうとしているので泣いているのだと答えます。それを聞いたスサノヲは八俣大蛇を退治してやると言い放ち、策をこらして八俣の大蛇の到来を待って退治します。スサノヲは八俣大蛇が酒を飲んで酔っ払ったところを十握の剣で斬り払い、八俣の大蛇の尾から光り輝く神秘の剣を発見します。それが後に天皇位の印の三種の神器の一つの「草薙剣」でした。

スサノヲは父と姉から二度にわたって追放された荒魂を持つ暴れ神でしたが、高天原から出雲に降り立ってからは苦しみ泣いている国つ神々を救済する英雄神に大転換します。そして、八俣の大蛇に食い殺される運命にあったクシナダヒメを救い、媛と結婚するために愛の住み家の御殿を造るべく出雲の須賀の地に到り、「我が御心すがすがし」と言ってわが国で最初の歌を詠ったのです。

八雲立つ　出雲八重垣　妻籠みに
　八重垣作る　その八重垣を

これは、表面的には、「八重垣」の語が繰り返される弾けるような力強い喜びの思いをリズミックに表現した実に楽し気な歌ですが、しかしその「清々しい心」とは、悲しみや痛みや思慕や怒りの絡まった負の感情の開放であり、深い悲痛の中から立ち上がって喜びといのちの開放と拡充の讃歌でした。

母イザナミを恋い慕って泣き叫んでいたスサノヲ荒ぶる声は、喜びに満ちた力強いいのちの雄叫びとなって迸り出ます。これまでの破壊的な声は、調和にみちた愛の言霊に転化したのです。痛みと悲しみに取りつかれていたスサノヲは、大蛇退治と詠歌という身心変容の過程を経て、自己浄化と危機打開を同時に成就したのです。スサノヲは、剣と和歌のワザによりイニシエーションを達成し、日本神話上最高・最大の英雄神となります。ここに、日本人の負の感情処理の原型的パターンが示されています。それは歌を詠う方法であり、それによる「心直し」の道であり、身心変容技法でした。

参考文献

鎌田東二編『身心変容技法と医療／表現』日本能率協会マネジメントセンター、二〇二一年

(四) 信仰とスピリチュアリティ

弓山達也

ア．教団から横溢する宗教性

【スピリチュアリティのイメージ】 本章「信仰と科学」に居並ぶ錚々たる執筆者を前に筆者が「スピリチュアリティ」や「信仰」について、いったい何が語れるのでしょうか。不明や不勉強を恥じつつ、わずかに自分の歩みを記すことによって、初学者や未熟者が直面しがちな躓きを示すことで、もしかすると何かに貢献できるのではないかと思い、拙文を綴ることをお許しいただきたい。

筆者が「スピリチュアリティ」という用語を意識したのは、一九九〇年代の末、ほぼ同世代の友人達とＮＲＣＳ（New Religious Consciousness and Spirituality）研究会をはじめたときからでした。たぶん命名は畏友樫尾直樹氏で、グロックとベラーらの *New Religious Consciousness* (University of California Press、一九七六年）を下敷きに、米国帰りで欧米のスピリチュアリティ研究に詳しい伊藤雅之氏が加わったこともあっての命名だったと記憶しています。研究会の詳細はこの二名に、出版社に話をつけてきたという功績で弓山が加わり、三名が編者となった『スピリチュアリティの社会学』（世界思想社、二〇〇四年）の「はしがき」に譲りますが、そこに書かれていない面白いエピソードを記しておきましょう。

当初、ＮＲＣＳに集まったメンバーは主に洋書を読みつつ、国内外の学会でパネル発表を展開していました。研究会だけではなく合宿もあって相当長時間の議論を積み重ねていました。しかしスピリチュアリティに関する議論が収斂していったというとそうではありませんでした。先の編著を紐解いていただくと判りますが、「グローバル化するスピリチュアリティ」（第Ⅰ部）として自己啓発セミナー、断酒会、和尚ラジニーシ・ムーブメントが、「新しい〈民族〉が生みだすスピリチュアリティ」（第Ⅱ部）としてイギリス仏教運動、新宗教（真如苑）、フランス日系新宗教（ＭＡＨＩＫＡＲＩ）が、「カルトとスピリチュアリティ・クライシス」（第Ⅲ部）として統一教会、ライフスペース、オウム真理教が並列的に論じられ、相互の関係にはあまり言及はされていません。そもそも研究会に集まったメンバーのフィールドは、当時、心理学的手法を用いたセラピー、新宗教、カルト教団など多岐に渡っていました。それぞれが自分のフィールドを念頭に置きつつ、スピリチュアリティを語るので一向に議論がかみ合わず、あるとき、思い浮かべているスピリチュアリティ観を出し合い、これらのフィールドが開陳され、「これじゃあかみ合わないはずだ」と納得したり、笑ったりしたものでした。

【教団から切り離されたスピリチュアリティ】　この頃、先の樫尾直樹氏とスピリチュアリティに関する教育動画を三本制作しました。最初の一本が二〇〇四年制作で衛星放送スカイパーフェクTVの地球の声チャンネルで放映された「スピリチュアルカフェにようこそ」でした。内容は最初に樫尾氏と筆者が対談、次に当時の受講生を交えてディスカッション、そして再度対談の三〇分でした。最初の対談では樫尾氏は井上雄彦による漫画『バガボンド』の単行本を、筆者が宮崎駿監督の『千と千尋の神隠し』のDVDを手にして、大衆文化に見られるスピリチュアリティを論じています。二人の共通のスピリチュアリティ理解は鈴木大拙の『日本的霊性』（一九四四年）にありました。その中で大拙は「霊性とは宗教意識と言ってよい」といい、「一般に解している宗教は、制度化したもので、個人的宗教経験を土台にして、その上に集団意識的工作を加えたものである。（略）宗教的思想、宗教的儀礼、宗教秩序、宗教的情念の表象などというものがあっても、それらは必ずしも宗教経験それ自体ではない。霊性はこの自体と関連している」（鈴木大拙『日本的霊性』岩波文庫、一九七二年）としています。番組では私たちは「この霊性がスピリチュアリティなんだよね」と合意しています。

当時、私たちはこう考えました。教団の土台に霊性（スピリチュアリティ）、つまり「宗教経験それ自体」があって、教団はここから展開した「宗教的思想、宗教的儀礼、宗教秩序、宗教的情念」であって、教団と霊性は分けうる。むしろ教団という枠組みから切り離されたところにスピリチュアリティの意味があると（好んで教団から〈横溢する〉という表現を用いていました）。だから教団から離れて漫画や映画といった大衆文化にもスピリチュアリティは散見され、そこに注目することで、暗に宗教界を批判し、スピリチュアリティ／宗教研究の拡大を企図していました。

番組では続いて受講生たちが私たちの考えをよく心得てくれて、スポーツ、ダンス、アート中での一体感や連帯感、逆に学級活動の疎外感から何かを希求する動きを「スピリチュアルな体験」という言葉で説明していました。最後の対談では私たちはこのようにスピリチュアリティを生活全般で広く網をかけることによって、医療や食や労働（働くこと）といった重要な場面のスピリチュアルな側面を指摘できるとしつつも、その拡がりに収集がつかない懸念を表明せざるを得ませんでした。ただそれでも前者（広く網をかけること）の意義を強調していたのは、やはりスピリチュアリティが、いかに教団から切り離されているか／切り離しうるかという前提があったからだろうと思います。さらにそこには、大拙の言葉を借りて「宗教経験それ自体」を信仰と呼ぶことができれば、信仰と教団と切り離しうるという（今から思うと根拠のない）確信があったのかもしれません。

イ．スピリチュアリティの空回り

【空前のブーム】　この番組の最後に筆者は「スピリチュアリティという語がやがて市民権を得るだろう」と言っていますので、二〇〇四年当時はまだそれほどスピリチュアリティは人口に膾炙されていなかったのでしょう。しかしまもなくスピリチュアリティは斎藤環氏によれば「空前のブーム」（毎日新聞、二〇〇六年一一月二九日）となります。牽引役の江原啓之氏の影響も大きかったですし、各種メディアは二〇〇六年から翌年にかけてこの現象を大きく取り上げました。江原氏と並んで、もう一つスピリチュアリティのブームを体感できたものにスピリチュアル・コンベンション（通称「すぴこん」）がありました。二〇〇二年から始まった癒しとスピリチュアルの見本市で、二〇〇五年に急速に拡大し、この年、全国一三ヶ所で三三回の見本市を開催し、二〇〇八年の最盛期にスピリチュアル・マーケット（通称「スピマ」）と改称して年間六〇会場、一一万人動員を呼号していました。

すぴこんの雰囲気はフリーマーケットや学園祭の模擬店のような感じで、事務机一本に出展者がスピリチュアルなグッズを並べ、またもう少し広めのスペースがあって簡単なセラピーやカウンセリングを受けられるようになっていました。開場一〇分前には一〇〇名を越える行列も珍しくなく、筆者も当時、東京、名古屋、大阪と会場に足を運びました。主催していたのは小泉義仁氏で、彼も宗教研究の動向を知りたかったようで、会場で何度か個人的に話をしました。印象的だったのは、ここでも宗教から切り離されたスピリチュアリティの可能性が主張され、彼はすぴこんに宗教団体の出展を認めていませんでした（実際にはダミー組織が出展していましたが）。彼は「すぴこんは「心の拠り所」ではなく、自己実現・自立の道だ」と言っていました。そして当時ウェブ上で公開していた日記には「スピリチュアルと宗教は一八〇度逆」と題し、「悩み事があるときにスピリチュアルは人を自立させる。自分の足で歩けるように。宗教は人を依存させる。ここにいれば大丈夫だよと。」（二〇〇五年九月二六日）と綴っています。

当然のことながら、筆者はこうした主張に共鳴を覚えつつ、参加者の聞き取り調査を進めていきました。しかし会場に足を運ぶ中で予想をしていなかったことが露わになってきました。それは参加者がスピリチュアルなものを求めつつも、苦悩し続けているということでした。二〇〇五年一一月の大阪会場でチャネリングをしてもらった三〇歳代の女性参加者は「自分に何があっているのかをチャネラーに聞くのではなく、自分で探っていくのがスピリチュアルだ」というアドバイスを受け、「本当にやりたいことを聞かれたら実は困るんですよ。私みたいな人って多いんですかね。他人はわかってくれない……心のくせなの？　いつから、そんなふうに考えるようになったんだか」と語っていました。別のやはり三〇歳代の女性参加者は、こうしたワークに参加して「父との関係、他の人との関係が確実に良くなった。白分のカラを取り除くことができた」と言いつつも、「去年からすぴこんは知っていて、今日はオーラソーマとリーディングをしてもらった。本当の自分が見えてよかった。でも本当の自分は何だかわからない」と吐露していました。

【苦悩の背景】 彼女のたちの苦悩の言葉を聞きつつ、筆者は不思議な気持ちになりました。本来、教団から切り離されたスピリチュアリティは人間の自律を促し、さらに個人主義の陥穽を乗り越えた豊かな精神文化をもたらすものと筆者は考えていました。ところが彼女たちの話から見えてくるものは、自律とも精神的な豊かさとも異なる、堂々巡りの自分探し、いわばスピリチュアリティを求めて空回りしている苦悩なのです。

当時（二〇〇四年後半から〇六年にかけて）樫尾氏と筆者は、情報工学の渡辺光一氏らと、スピリチュアリティの普及と実験の場として、ウェブコミュニティを通じて情報を発信・収集、分析するため、ポータルサイト「スピリチュアル・ナビゲーター」（略称Spinavi）と投稿者の更なるコミュニケーションを促すブログ「My Spinavi」サービスを立ち上げ、その運営を行っていました。投稿者数約一五〇〇名、月三〇万〜一〇〇万ヒットで、フォーラムのカテゴリー数一一、総スレッド数は約三〇〇、総投稿数は約一年間で二八一二件でした。運営のお手伝いをいただいていた関口和真氏と河野昌広と渡辺氏が、このSpinavi投稿者の分析をして興味深い知見を得ています（関口・河野・渡辺「スピリチュアルなコミュニケーションを支援するウェブコミュニティとウェブログのシステム構築」、『情報文化学会誌』一二（二）、二〇〇五年）。結論だけを示すと投稿者は「自力的なスピリチュアリティ性を持つ人々がスピリチュアルな語り合いや交流を求めてSpinaviを利用している」ものの、「現世主義の側面が弱くスピリチュアルなものに興味を抱きながらも長期的な関係性の中で他者と共生していく志向性は持ち合わせていない」というスピリチュアリティ志向の脆弱性や危険性を有しているというのです。そして論文は「これは、「神様や霊や見えない絆は信じるけれども、宗教を信じたり宗教団体に所属するのは嫌だ」というメンタリティと符合する」と続けています。

こうした知見は先のすぴこんに集う参加者の苦悩の背景をよく説明しているでしょう。彼女たちは宗教から離れて自律したスピリチュアリティを求めています。しかし自律が諸刃の剣であることは明かで、組織や伝統から切り離された自律は、寄る辺ない不安や孤立と背中合わせであり、しかも自律が過度に強調されるばあい、不幸の原因全てを自己責任に帰着させる認識の錯誤といった危険性すらあることを示しています。

ウ．教団を背景にした信仰と個人的なスピリチュアリティ

先に樫尾氏や筆者が鈴木大拙の霊性を意識していたことを述べましたが、もう一つ私たち

が前提としていたスピリチュアリティ理解は窪寺俊之氏のスピリチュアリティの定義「人生の危機に直面して生きる拠り所が揺れ動き、あるいは見失われてしまったとき、その危機状況で生きる力や、希望を見つけ出そうとして、自分の外の大きなものに新たな拠り所を求める機能のことであり、また危機の中で失われた生きる意味や目的を自己の内面に新たに見つけ出そうとする機能のことである」(『スピリチュアルケア入門』三輪書店、二〇〇〇年) でした。筆者はこの「生きる力」「拠り所」「生きる意味や目的」というところにのみ注目し、スピリチュアリティを教団から切り離された「生きる意味の探求」くらいに、宗教との関連でいえば教団から横溢する宗教性(大拙のいう宗教経験それ自体)ととらえていました。このことに間違いはないと今も考えています。しかし脱組織・脱伝統や個人の自律性に注目するあまり、教団の持っている個人の信仰を育む契機、言い換えればスピリチュアリティの育成について鈍感であったなと思います。窪寺氏の定義でいえば「自分の外の大きなもの」を無視していました。

樫尾氏はそのことに筆者より早く気づき、宗教伝統に根ざした比較行法研究という実践論的転回を遂げたことも付記しておきます。また一緒にSpineviを運営していた渡辺氏は先のスピリチュアリティ志向の脆弱性や危険性の分析から、さらに国際調査に向かいます(筆者も関わっていました)。そこでは日米それぞれ約七〇〇名を対象一〇〇項目の宗教概念を整理に関する意識調査をしたところ、神に関する概念と幸福度の関係に関して、人格的な神概念は幸福度にプラスの効果を、非人格（原理）的な神概念はマイナスの効果を持つことが明らかになりました。彼はここから「信仰を持たない宗教関心者によるいわゆる教団外スピリチュアリティというものの危うさを示している」と指摘しています（渡辺・黒崎・弓山「日米の宗教概念の構造とその幸福度への効果」『宗教と社会』一七、二〇一一年）。考えてみれば教団や伝統をともなわない根無し草的なスピリチュアリティより、教団や伝統に基づく信仰の方が盤石の力強さを示すのは当たり前なのかも知れません。スピリチュアリティのブームが二〇〇六年から翌年をピークに退潮していくのも、代わって神社仏閣へのパワースポットブームが台頭していくのも、こうしたことを考えると肯けます。

このようなことに筆者が気づく機会は実はたくさんありました。大学院で勉強をしたてのころ、天理教の朝づとめに出て、見よう見まねでおてふり（礼拝の所作）をした際、突然、当時患っていたアレルギー鼻炎が気にならなくなり、ありがたいものを拝んでいるのでなく、拝むことで目の前のものがありがたくなると感じました。同じころ、善光寺の朝事（朝の法要）で、特別に内陣に入れていただき、目の前のご本尊と導師、後ろにいる大勢の参拝者が唱える念仏の中で自分がその念仏の声に溶け入っていくような法悦を得たのを覚えています。組織（文字通り大きな神殿・伽藍や大勢の信者・出仕者）や儀礼や本部・本山という場の持つ力を思い知らされました。

自分の体験だけではありません。山村調査で長野県の山間の村を回って、偶然に天理教の信仰者の家に行き当たったとき、中から交通事故で重篤な障害を持った方が出てきました。長くは書きませんが、その方は東京で成功したものの、その絶頂期に事故に遭い、生家に戻り一人暮らしをしていました。生い立ちや来歴、そして事故の話をされ、彼は言いました。「今、凄く幸せです。本当に救われています」と。ポカンとする筆者に彼は続けて言いました。「考えてもください。本当は死ぬところですよ。それが顎（事故で大きな障害を持っておられました）だけで助かったんですから。生かされています。神様ありがとうございます」と。

海外でも同様の話を聞きました。国際結婚の調査をしているとき、日本の男性と結婚をしてDVを受けて離婚をして、フィリピンのケソン州でそうした女性を支援するシェルターに通っているママさんに会いました。ママさんはマニラに戻ったものの、ハンセン病に罹ってしまいます。そのママさんが筆者に向かってこう言うのです。「今が一番幸せ。家族と教会があるから」。自分も含めて恐縮ですが、いずれの事例も宗教の持っている組織、教義、儀礼、場の力を雄弁に物語っています。

宗教研究をしていると、こうした話を聴くことは枚挙に暇がありません。しかしスピリチュアリティという概念を持ち出すとき、どうしても個人化・脱組織化という図式に個人の経験を流し込んでしまい、教団や伝統が個人の信仰に有する、かかる大きく豊かな力より、教団や伝統が個人を抑圧する側面に目が行きがちになります。もちろん教団を背景とする信仰と、もっと普遍的とされる個人のスピリチュアリティとは異なるという考え方の方が一般的かもしれません。しかし根無し草になりがちなスピリチュアリティの危険性は先に述べた通りです。スピリチュアリティを永年培ってきたのは宗教の教団であり、伝統であり、そこで個人のスピリチュアリティは信仰と地続きであったはずです。信仰とスピリチュアリティとはどのような関係にあるのか、また宗教（や信仰）から切り離されたスピリチュアリティというものは本当にあるのか、筆者がこの二〇年間彷徨ってきたように、答えは、まだずっと先にありそうです。

（五）科学とイスラーム信仰

水谷　周

西欧世界ではキリスト教信仰と科学の発達は、二極対立のように捉えられがちに推移してきました。ところがイスラームの場合は、それは全く当てはまりませんでした。同じ一神教で、このように全く異なる事態が生じていたのです。

ア．イスラームの科学奨励策

少し文献学的になるのですが、アラビア語で科学のことはイルムと言います。その複数形であるウルームは、学問一般を指します。啓典クルアーンにイルムは一〇四回も出てきており、またその派生語も含めると、何と八五四回も出てきます。もちろんイルムは知識、情報といった広い意味も含むのですが、それにしてもその用語は何の違和感も与えていないことは確かです。また預言者ムハンマドの言葉は預言者伝承として残されてきていますが、その一つには「知識を求めて道を歩む者には、アッラーは、彼が天国に至れるようにその道を容易になさるであろう。」というのがあります。あるいはまた、「アッラーが私に授けて下さった導きと知識は、例えてみれば大地に降った慈雨のようなものである。」というのもあります。(63)

さらに伝承としての真正さの信憑性は薄いとされますが、分かりやすくて広く引用されるのには、「中国までも知識を求めよ。」というのもあります。イスラームの初期には中国が世界の東の果てだったので、日本は視野に入っていませんでした。

このように違和感がないということだけでも相当なことですが、イルムを求めよ、という指令が出されていたということは、一層大変なことです。その後のイスラーム科学の歴史を振り返ると、ますますその効果絶大であったことが判明します。まずは情報の整理のためにも、次にはこの史実を一応回顧しておくことにします。

イ．中世のイスラーム科学の発達

イスラーム科学の分野は医学（医者のことは、敬意を払って「賢者」と呼ばれる）、数学、天文学、化学、地理学など多岐に分かれました。著名な科学者たちをレビューしておきます。

＊アブー・バクル・ラーズィー（九二五～三二年頃没）バグダードに病院を建設し、広く知られた。『医学集成』を著した。

＊イブン・スィーナー（一〇三七年没）イスラーム世界を代表する医学者、神学者、哲学者で、著作数は一三〇点を超える。数世紀にわたって基本的な教科書として扱われた『医学典範』を著した。西欧では、アヴィセンナの名前で知られた。

＊アルザフラウィー（一〇一三年没）西欧ではアブルカシスの名で知られている。イスラーム世界で最も偉大な外科医とされる。彼の最大の業績は『解剖の書』と呼ばれる全三〇巻の医学百科事典だが、それはヨーロッパでも教科書として広く読まれた。

＊イブン・ルシュド（一一九八年没）哲学、法学、医学での貢献が多大で、西欧ではアヴェロエスの名前で知られる。『医学大全』を著した。その他、アリストテレスの全著作（『政治学』は除く）の注解を著して、ユダヤ教とキリスト教の哲学にも甚大な影響をもたらした。

＊イブン・ナフィース（一二八八年没）第二のイブン・スィーナーと言われ、『「医学典範」の解剖学注釈』を著した。血液の肺循環説を唱えたが、それはスペインで同説が提唱される三世紀以前であった。

＊フワーリズミー（八五〇年没）数学や天文学に優れた功績を上げた。代数学の研究のほか、『フワーリズミー天文表』を著した。彼の名前から、アルゴリズム（算数）の言葉が生まれた。

＊イブン・ハイサム（一〇四〇年頃没）数学、天文学、光学で知られる。彼が発案したという、暗箱（クムラといわれ、レンズを付けた箱の小さな穴を通して上下逆の映像が映し出される）の名称が、現在のカメラの語源とされる。

＊ビールーニー（一〇四八年没）天文学、数学、地理学、薬学、鉱物学など博覧強記ぶりを

発揮、百数十冊の著作があったとされる。『星学入門』はユークリッド幾何学の基礎から始められている。なお、地球の重力について論じて、地動説を唱えた最初の科学者と目される。

ただし地動説の初めはバビロニアなど遥か昔に戻るものであることも、すでに周知のところです。いずれにしても西欧の科学としてしばしば挙げられるポーランド人のコペルニクス（一五四三年没）の評価は、最近は引き下げられています。彼が学んだ学校では広くアラブの天文学書が翻訳されて紹介されていたことや、彼の著述振りがアラブのものと酷似している部分があることも指摘されているからです。そしてそれを体系化したガリレオ・ガリレイ（一六四二年没）は、「それでも地球は回っている」と訴えて、宗教裁判で異端と断じられました。その罪が許されたのは、実に二〇世紀に入ってからでした。

このようにイスラーム文献はラテン語などに翻訳されることでその影響力が広まり、中世から近代のヨーロッパにおける科学の発達の大きな一翼を担ったと言えます。しかし多くは消失し、あるいは本来の全貌は十分に知られないままに忘れられて、全容の評価はなかなか難しい課題と言わねばなりません。

ウ．近・現代における受容

イスラーム諸科学発達の背景には、イスラームによる知識獲得奨励策で知的刺激があったことは当然ですが、時代環境も有利に働いていました。東はインドの数学などがあり、西はギリシアの古典に大いに源泉を見出していたのです。このような状況はまさしく、文明の坩堝の中にあったと形容できます。またイスラームの普遍主義により、著名な学者たちはアラブ人に限らず、中央アジアのトルコ人やペルシア人も相当羽を伸ばして活躍したのでした。アンダルシアはピレネー山脈を越せばフランスの地ですから、それなりの行き来もあったことでしょう。

さて以上の文明の坩堝状態は、実は近現代のイスラームについてもいえるのです。中世の繁栄の後、イスラーム世界は長い眠りにつくこととなりました。その主原因は、中央アジアからのトルコ系傭兵軍団の中東への進出による政治的軍事的混乱があります。それに加えて、かつての東西貿易の中心地としての強みも徐々に薄れつつありました。一五世紀、バスコ・ダガマが喜望峰を回ってインドに達する航路を開拓してからは、世界の貿易を牛耳る地勢的な立場が中東から奪われたからです。これは七世紀にイスラーム勢力が地中海の南側を支配したので、ローマ帝国による地中海貿易の独占権が奪われたのと同じ因果関係です。ヨーロッパ北部からの民族移動もあり、ローマ帝国はついに滅亡の憂き目に合ったのでした。こういう顛末とちょうど逆の現象が生じて、今度はイスラーム世界の旗色が悪くなったのです。

他方、世界貿易を推進できる立場に立ったヨーロッパ諸国は蘇りました。それが引いては、西欧の近代科学の温床を提供しました。そしてそれがその後連綿と続く神支配からの脱却の過程ともなったのです。人間の理性が軸であるとする「我思う、ゆえに我あり」（デカルト）は、一九世紀には「神は死んだ」（ニーチェ）となります。また「宗教は社会のアヘンである」（マルクス）から、二〇世紀には「創造や進化に関して、（証明されるなら）神は必要ない。」（ホーキング）となります。

こうした西欧の科学の発達に対して、一九世紀以来の西欧の植民地主義により直接対峙する羽目となった点は、イスラーム側の受容の過程を少々複雑なものにはしました。しかし基本的には、科学そのものに反発するという側面はなかったのです。どのような科学理論や近代的な機械文明を目にしても、初めに驚愕するのは当然としても、それは非イスラームだからということで拒否しようといった反応は出てきませんでした。ただし相当妬みの感情が混ざることとなるのは、政治的軍事的優位性を見せつけられたことと、かつてはイスラームが世界の指導権を握っていたはずだという、懐古趣味が共存したからです。

＊進化論を巡って

そのような脈絡の中で注目してよいのは、近現代の西欧社会を揺さぶったダーウィンの進化論です。それはキリスト教世界では、神の創造説を否定するものとして受け止められました。ダーウィン自身は神を否定するものではなかったので、この理論が浮上させる神との正面衝突の予感は、彼にとっても実は大きな不安材料であったようです。それはコペルニクスやガリレオ以来の、西欧の憂鬱《ゆううつ》と言えそうです。そしていまだに真剣に進化論を否定する活動家の運動が、米国では続いています。米国南部の州には、ノアの方舟を実際の大きさと想定されるサイズに建造して、それを博物館にしているところがあります。また公立の学校では進化論を教えない州がいくつかあるとのことです。

一方、イスラーム世界の進化論の受け止め方は、およそ次のように軟着陸であり、それはいわばイスラームに飲み込まれた格好と言えます。結論的に言うと、神による創造と矛盾するからというのではなく、神や魂の否定になるような物質主義として見られるときには、進化論は拒否され非難されたのでした。(64)

中東における進化論の紹介は、一九世紀後半、エジプトに移民したレバノン・シリア人の文筆活動によって始まりました。特に知られているのは、シブリー・シュマイル（一九一七年没）が一九一〇年に出版した、『進化論』（アラビア語の表現では、『成長と向上の理論』）という著作です。彼は大半のシリア移民がそうであったように、ムスリムではなくキリスト教でしたが、進化論で物質主義思想を喧伝しようとし、結局のところ無宗教というレッテルを貼られました。ただし彼の意図は、オスマン帝国の圧政から逃れるために西欧の科学力を利用できないかと模索したのだとされます。

宗教の立場からも少なからぬ反論が出されたのは当然でした。稀代の宗教活動家で国際的に知られることとなった論者は、ジャマール・アルディーン・アルアフガーニー（一八九七年没）でした。イスラームの復興により、西欧植民地主義と戦うというのが、彼の主要テーマでした。彼自身がダーウィンの著作を読んだのではなかったのですが、ともかく進化論を拒否する論陣を声高に張ったということです。第一には、猿から人が生まれたという考えはあまりに奇異で、彼はとても着いて行けなかったということ。もう一つの理由は、進化論者たちは西欧寄りだという政治的なものでした。植民地主義者に手を貸しているという非難です。政治的なキャンペーンに熱心であった、アフガーニーらしい論法でしょう。ところがイスラームは理性の宗教であるとの原点もあり、科学も同様理性の産物であるので、そこに進化論批判の弱みがあったといえます。アフガーニー自身も進化論の科学的な立場は認めざるを得なくなり、晩年には進化論を正面から唾棄することはなくなったとされます。

こうして進化論は、物質主義や無宗教の立場としては反論を招いたものの、徐々にそして静かにイスラーム世界に浸透し始めました。その領域は一重に生物学に限らず、政治、経済、さらには文学批判などの分野にも適者生存や弱肉強食など、進化論的な発想と論法がひたひたと忍び寄っていったのです。また進化論もアッラーの産物の一つであり、それは人に与えられた試練であるという形で、巷でもそれはイスラームに飲み込まれる現象が散見されるようになっていきました。

＊先端医学の分野

最近でも科学的な関心は逞しく、アラブ・ムスリム初の宇宙飛行は一九八五年でしたが、それは日本より五年早いものでした。また昨今は生命との関係で、具体的な諸課題が多数生じてきました。日進月歩の分野ですが、以下では散発的なものも含めて参考に諸事例を列挙します。

・安楽死

二〇〇七年一〇月四日付け、サウジアラビアのリアド紙。インドの女性が血液癌の治療費が出せないとして安楽死を訴えたところ、国会議員が四万ドルを寄付することとなったと報道。

同年一〇月一三日付け、イラクのアルムタワッシト紙。イラクにおける多数の死傷者や惨状に鑑み、安楽死を認める方向の意見を掲載。

同年一二月一日付け、イラクのネット紙「ナーシリーヤ」。安楽死は新たな殺人になるとのイラク人弁護士の意見を掲載。

・人工中絶

アラブ諸国ではイスラーム的な解釈が提示され、人工中絶は生命保護というイスラームの立場より、原則は禁止。しかしイスラームの理解では、受精後四〇日間は胎児も未熟であるので中絶は問題にならない、他方その期間が過ぎてからは徐々に厳しくなる。認められる条件としては、胎児に異常がある場合、母親の手術が不可避な場合など。しかし一二〇日後には胎児にアッラーより送られた魂が宿ると信じられるので、中絶は原則禁止。その例外は母親の生命を守る必要がある場合。最後に中絶の決定には女性の意思が尊重されねばならず、医師の責任は重大であること、亡くなった胎児について一二〇日より前は体の部位として丁重に扱いはするが礼拝はしない、他方それより後は礼拝、洗浄、埋葬を正式にするなど。

・遺伝子操作

アラブ世界でももっぱら幹細胞の威力とその医療的な可能性の大きさを報道。再生医療に貢献するとして、京都大学山中伸弥教授のｉＰＳ細胞（人工多能性幹細胞）の研究も詳しく報道。

・脳死と臓器移植

イスラームでは人の死を肉体から魂が抜け出ることであると定義するが、魂は見えないので課題が複雑。そこで死の兆候として代表的なものは、呼吸が止まり、目が白くなり、その他口が緩み足やこめかみもたるんでくることなどが挙げられます。心拍が止まることが挙げられないのは、それはあまりに当然だから。では脳だけが死んだ場合はどう見られるのでしょうか。

サウジアラビアで脳死者の臓器移植を実施。その後からイスラーム法学者の間でも異論が噴出し、様々なイスラーム法学団体などで論議噴出。一応脳死はその人の死ではないという見解に落ち着きつつある模様。他の部位は健全であり、それを押してその人の死を宣言するのは強弁であるとされる由。

それでは脳死となった人の臓器を移植することはどう考えるのか。まず当該臓器を切り離すことでその人の生命が絶たれるような場合には殺人となるので許されない、しかもその場合は殺人を意図していたことになるので、報復の許されるケースとなる。また移植により死んだとしてもその人が非ムスリムで戦闘状態にあればその移植は許される、ところがその非ムスリムが戦闘状態になければ、許されるのかどうかは議論が別れます。他方、移植しても殺人にならない場合には問題ないとされます。

ではどの臓器が生命維持に必要で、どの臓器がそうではないと考えられるのかについては、相当個別の議論があります。いずれにしても二〇一二年二月二八日、サウジアラビアのイマーム大学イスラーム法学部主催で「イスラーム法と脳死セミナー」が開催されて、この種の議論が展開されたことがありました。

・不妊治療

アラブ・イスラーム諸国では男女を通じて、不妊治療（人工授精、体外受精、代理母や各種の睾丸手術などを含む）はあまり倫理問題を起していません。さらに代理母は技術的に先進諸国の問題で、それを巡る法律的な問題は表面化していない模様。一方ネット上で「不妊治療フォーラム」が結成されて活動しているようです。

エ．イスラームを「科学する」新たな視点

イスラームが科学上の諸問題とどう取り組むかとは別の視点として、イスラームを「科学する」研究はまだあまり進展を見ていません。本章で扱われた、死生学、医療、身心変容、スピリチュアリティといった観点が、その具体例となります。イスラームと言うとまずは歴史、それから伝統的な文献解釈学、神学、法学、宗派学といった分野が出てきます。ちなみに禅修行が及ぼす精神的な反応と効果は夙に研究テーマとして取り上げられて来ました。イスラームについても、このように「科学する」のは、これからの課題です。

それは新たなイスラームの可能性を示すかもしれないし、他宗教との比較でも多くの成果が来たされます。また様々な情報技術の手助けを借りる必要もあるでしょう。

例えば著者としては、日本でイスラームが比較的に青年層を中心に拡大していることに注目しています。それは既存の宗教に飽き足らないで、新たな信仰体系として関心を集めてい

るのでしょうか。もしそうだとするならば、それは多くの新たな宗教や潮流と同様に、若者の間のスピリチュアリティの問題として見直すことが可能になるでしょう。またそれがイスラームの日本における定着の過程なのかもしれません。そうすればそれは、各時代の対処の仕方は変化するとしても、人の霊性は落着地点を求めて、世界を徘徊するものだという人類史上の永遠の命題は変わりないということになります。つまり宗教信仰は、人の不可分な半分とのさらなる証左になります。

【註】

(63) 前者は、前出『日訳　サヒーフ　ムスリム』第三巻、六〇七頁。後者は、同第三巻、三一五頁。

(64) アブドル・ズィヤーダ『西洋の科学とアラブ世界、ダーウィン説の衝撃、一八六〇―一九三〇年』、ニュー・ヨーク、マクミラン社、一九八六年。（英語）

おわりに

著者は京都の古寺に生まれて、小学校三年生の時には、僧籍に入るための行事である得度を済ませていました。住職であった祖父の手配でしたが、父親も仏教系の大学で教鞭をとり、周りはすべてが宗教一色の環境であったと言えます。近所の人たちもそういった目でしか見ないし、日常的に法要にはお勤めとして読経に加わっていました。さらには寺の隅まで本で埋め尽くされるような情景で、一つの図書館と言えるほどの規模でした。中には一般向けのものも色々あり、中学から高校へ進む頃には、かなり豊富に読み進めることができました。

そして何よりも、厳しい毎日の雰囲気であったと思われます。ある日、祖父や父親と一緒に境内を歩いているときに、思わず地面の蟻を踏みそうになり、ひどく叱られたことがありました。日頃にはあまり見受けない気迫であったので、すっかり驚いたことを今でも鮮明に覚えています。同時に、この世ならぬあの世の仏の存在を、身をもって知らされたりもしました。ほぼその出来事以来、振り返ると自分の置き場所はあの世の存在が前提となり、あの世とこの世の両世界に脚を置いている感覚で過ごすこととなったのでした。

人を見ると相手の仏性を引き出すように、自分の態度や接し方を考慮するのは当たり前になりました。同時にその相手も、それに対応して、必ずや仏性を誘発されて姿勢が正されるものと、自然に期待するというのが常となっていたのです。高校生の時に交換留学生として渡米することとなった時も、彼地においてはこのような仏教の教えや考え方を広めるのが自分の責務であると、勝手に決めていたくらいです。卒業論文のような英文のレポートの題目は、「禅について」というもので、それを読んだ先生が「少し分かった」と言ってくれた時の感激は、今でも新鮮なものがあります。

こういった調子で一生を過ごすこととなったのです。日本で多数出会った人々の大半は、必ずしも自らが身勝手に想定したような仏性をもって返してくれる人たちではありませんでした。そのように本当に気が付いたのは、恐らく人生も後半に入ってからで、それほどまでに長い間、誤認に基づく観念に取りつかれて、離れられなかったのです。それはがっかりしたというのを通り越して、結局は今も続けているように、人の心に潜んでいる信仰希求の種を植え付け、それを育み、いずれは花を咲かせるように、と念じ続けているということになります。

日本は多くの災害や不幸な事件に見舞われてきました。自然災害も人災もありました。列島の成り立ちから来る面もあるので、そうでない国よりも悲哀のケースが多いのかも知れません。そうであれば、なおさらそれをどうやって癒し、心のバランスを復活させ、所要の生気を維持するのか、というのは根の深い問題です。その意味では宗教信仰こそは、大きな解決の鍵を握っているということになります。ところが経済再建の怒涛の中、無宗教とまで言われるほどに太平洋戦争後は宗教疎外が進んでしまったのです。

ちなみに宗教は、人が自然に持つ想像力の賜物（鈴木大拙『宗教の根本疑点について』）であり、人が創造する第二の架空世界（ホイジンガ『ホモ・ルーデンス』）であり、象徴世界としての人間にとっての意味の世界（カッシーラ『人間』）であるとして、先達は異口同音に語ってきました。それほどに宗教信仰は人の天賦の能力であり、したがってそれは人の半分（水谷周・鎌田東二『祈りは人の半分』）ということでもあります。現代の日本社会におけるその欠落が多くのストレスや動揺や、予期せぬ自死も招いてきました。

心のバランスを取り戻すということは、自然な人間としての復興とも言えましょう。このような課題は一夜にしてなるものでないにしても、まずは明確に課題の設定が必要です。またそういう必要性自体は叫ばれ始めていると見受けられます。まさしく日本の本来の姿への復帰です。本書を閉じるに当たり、この課題を今一度鮮明に訴えておきたいと思います。

二〇二二年夏

水谷　周

本書の刊行に当たっては、一般社団法人日本宗教信仰復興会議からの出版助成を得ました。

「五、信仰と科学」執筆者略歴

島薗 進（シマゾノ ススム）

上智大学グリーフケア研究所客員所員、NPO東京自由大学学長。東京大学名誉教授。一般社団法人日本宗教信仰復興会議理事。東京大学卒。専門は近代日本宗教史、宗教理論、死生学、生命倫理。

加藤眞三（カトウ シンゾウ）

慶應義塾大学名誉教授。医学博士。上智大学グリーフケア研究所研究員。内科医師。一般社団法人日本宗教信仰復興会議理事。研究分野：医師患者関係、医療における情報提供とスピリチュアルケア。

鎌田東二（カマタ トウジ）

京都大学名誉教授。國學院大學大学院文学研究科博士課程神道学専攻博士課程単位取得退学。博士（文学、筑波大学）。一般社団法人日本宗教信仰復興会議理事。研究分野：宗教哲学、民俗学、日本思想史、比較文明学。

弓山達也（ユミヤマ タツヤ）

東京工業大学教授。大正大学大学院満期退学。博士（文学）。一般社団法人日本宗教信仰復興会議理事。専門は宗教社会学。「現代世界における宗教性／霊性」をテーマに研究。

著者　水谷 周（ミズタニ マコト）

京都大学文学部卒、博士（イスラーム思想史、ユタ大学）、一般社団法人日本宗教信仰復興会議代表理事、日本ムスリム協会理事、現代イスラーム研究センター理事、日本アラビア語教育学会理事、国際宗教研究所顧問など。日本における宗教的覚醒とイスラームの深みと広さの啓発に努める。『イスラーム信仰叢書』全10巻、総編集・著作、国書刊行会、2010〜12年、『イスラーム信仰概論』明石書店、2016年、『イスラームの善と悪』平凡社新書、2012年、『イスラーム信仰とその基礎概念』晃洋書房、2015年、『イスラームの精神生活』日本サウディアラビア協会、2013年、『イスラーム用語の新研究』、『祈りは人の半分』国書刊行会、2021年など。

装　丁：真志田桐子

カバー画像：Shutterstock

信仰の滴

2022年9月5日　第１版第１刷発行

著　者　水谷　周

発行者　佐藤今朝夫

〒174-0056 東京都板橋区志村1-13-15

発行所　株式会社　国書刊行会

TEL.03(5970)7421(代表)　FAX.03(5970)7427

https://www.kokusho.co.jp

ISBN978-4-336-07425-6

印刷・モリモト印刷株式会社／製本・株式会社ブックアート

定価はカバーに表示されています。

落丁本・乱丁本はお取替いたします。